中国白求恩精神研究会　编

Compiled by Chinese Bethune Spirit Research Association

Editada por la Asociación de Investigación del Espíritu de Bethune de China

par l'Institut de recherche sur l'esprit de Bethune de Chine

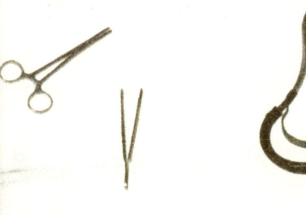

诺尔曼·白求恩

人民美术出版社

Le Comité de rédaction de la série de livres "À la mémoire de Bethune"

Directeur	Tan Yue	président-directeur général de China Publishing Group Corp
Directeur adjoint	Geng Ying	présidente de China Cultural Heritage Foundation
	Yuan Yonglin	directeur de l'Institut de recherche sur l'esprit de Bethune de Chine
	Li Yan	membre du groupe dirigeant du Parti de China Publishing Group Corp et vice-PDG de China Publishing & Media Holdings Co.Ltd.
Membre du Comité	Geng Jing	directeur exécutif de China Cultural Heritage Foundation
	Cai Baoguang	secrétaire général de China Cultural Heritage Foundation
	Li Longchi	vice-président exécutif et secrétaire général de l'Institut de recherche sur l'esprit de Bethune de Chine
	Li Shenqing	directeur adjoint de l'Institut de recherche sur l'esprit de Bethune de Chine
	Ma Guoqing	directeur adjoint de l'Institut de recherche sur l'esprit de Bethune de Chine
	Li Yan	directrice canadienne de l'Institut de Confucius de l'Université de Waterloo au Canada
	Errol Sharpe	président de Fernwood Publishing au Canada
	Aziz Fall	président du Centre Internationaliste Ryerson Foundation Aubin
	Shen Wei	directeur du Comité du programme « Norman Bethune en Chine »
	Zhang Youyuan	chef du bureau du Comité du programme « Norman Bethune en Chine »
	Guan Shiguang	président de People's Literature Publishing House
	Yu Dianli	président général de Commercial Press
	Wang Jiaming	président de China Art Publishing Center
	Lu Yingyong	directeur général de SDX Joint Publishing Company
	Liu Zuochen	directeur du Département de la publication de China Publishing & Media Holdings Co.Ltd.
	Liu Zhong	directeur du Département de la coopération internationale de China Publishing & Media Holdings Co.Ltd.
Remerciements particuliers	Bill Smith	

目录
Table of Contents
Tabla de Contenido
Table des matières

这是一张最新发现的珍贵照片，也是迄今为止所能看到的唯一

一张毛泽东与白求恩的合影，拍摄于 1938 年，延安。

此照片由白求恩朋友莉莲的儿子比尔先生提供。

This precious photo is our latest discovery. It is the one and only picture of both Mao Zengdong and Bethune we have so far. The photo was taken in Yan'An in 1938 and is offered to us by Bill, son of Bethune's friend Lillian.

Se trata de una foto inédita decubierta recientemente, también es la única foto que existe hasta la fecha Mao Zedong y Bethune juntos, tomada en 1938 en Yan'an. Esta foto fue proporcionada por el señor Bill, hijo de la novia de Bethune, señora Lillian.

C'est une photo préciseuse fraîchement retrouvée. Décrivant sa vie en 1938 à Yan'an, il s'agit également de l'unique photo existante que Norman Bethune avait prise avec Mao Zedong. M. Bill, fils de la copine de Norman Bethune en a fait le don.

英名远播 侠骨遗香

2015 年 5 月

陈竺

现为中华人民共和国全国人民代表
大会常务委员会副委员长、
中国农工民主党中央委员会主席、
中国白求恩精神研究会荣誉会长

2015 年是中国人民抗日战争和世界反法西斯战争胜利七十周年，在此背景下，编辑出版一本反映白求恩波澜壮阔一生的画册，以深切缅怀这位伟大的国际主义战士，是具有特殊历史意义的。

白求恩的一生是伟大的一生，仅从他来华支援中国人民民族解放斗争的伟大实践就足以证明。

20 世纪 30 年代末，白求恩作为北美著名胸外科专家，放弃了十分优越的工作和生活条件，来华支援中国人民抗击日本法西斯的斗争，在不足两年时间里，为中国人民的解放事业做出了卓越贡献，最终以身殉职，献出了自己宝贵的生命。毛泽东主席对白求恩的国际主义精神予以高度评价。从此，他的名字深深镌刻在中国人民心中。

白求恩是国际社会支援中国抗战的先驱者，是最早投身中国抗日战场的外国医生。正是由于他的呼吁和身体力行，推动了国际社会更多有识之士投身中国战场。此后印度友人柯棣华、奥地利友人罗生特等一大批优秀医务工作者来到中国支援抗战。他是敌后战场救死扶伤的组织者和实践者，冒着生命危险，在前线抢救伤员，做了大量手术，拯救了数以千计战士的生命。他是战地医疗技术的发明者，从游击战争的实际出发，改进医疗手段，革新医疗器械，研制医药用品，组织群众输血队。他是推进八路军医疗卫生工作走向正规化、现代化的开拓者，他参与创办的野战医院和卫生学校，为晋察冀军民留下了一支永远不走的医疗队，由他创建的医疗体系和医学教育模式，由他培养的医学人才和医学管理人才，奠定了新中国和人民军队卫生事业的基础。

白求恩虽然逝世七十多年了，但他从来没有离开我们。当年他提倡的为保障人民健康必须实行"医疗制度社会化"的先进理念，在新中国建立后得以实现，其核心价值观与当前推进全面深化医疗体制改革的方向高度契合。他对工作极端负责、对病人极端热忱、对技术精益求精的精神财富，已融入中国卫生行业的职业精神，成为医德医风建设的基本遵循。他以支援世界人民和平解放事业为己任的博大胸怀，已成为我国卫生界从业人员的自觉行动。从20世纪至今五十多年来，我国先后向近七十个国家和地区派出医疗队员两万三千余人，累计诊治病人两亿七千万人次，在这期间有六十多名援外医疗队员因战乱、疾病献出了宝贵生命。习近平主席评价道："他们像白求恩一样安葬异国，与受援国人民永远相守。"白求恩的伟大人格力量，对当代中国社会主义精神文明建设产生着重要影响。白求恩已成为中国亿万民众崇敬的榜样，学习白求恩，做一个高尚的人，一个纯粹的人，一个有道德的人，一个脱离了低级趣味的人，一个有益于人民的人，已成为中华儿女的自觉行动。

高山仰止，景行行止。

白求恩不仅属于加拿大、中国和西班牙，也属于全世界。我非常赞同加拿大前总督伍冰枝女士对白求恩的评价："他的一生，从某种意义上讲，其真谛已超越了国界，已升华到了不仅仅代表着国际主义精神，实际上也体现了一种宇宙般的宽阔胸怀。如今这宇宙般的胸怀已为世人所公认。"白求恩无私利人的奉献精神、热忱负责的服务精神、精益求精的科学精神、不断探索的创新精神，具有普世价值，为越来越多不同民族、不同国家、不同肤色、不同阶层民众广泛认同。

古人云：兰秋香不死，纵死侠骨香。

愿此画册的出版发行为白求恩精神薪火相传、发扬光大、走向世界做出新的贡献。我深信，白求恩和他的伟大精神必将在为推进人类文明进步中大放异彩！

A Name and Spirit to Be Remembered by All

May 2015

Chen Zhu

Comrade Chen Zhu is the current vice-chairman of the Standing Committee of the National People's Congress of PRC,

chairman of the Central Committee of Chinese Peasants'

and Workers' Democratic Party and the honorary president of Bethune Spirit Research Association

2015 marks the 70th year since the victory of China's Resistance War against Japan and that of the world war against Fascism. In such context, it is of special historic significance to compile and publish a large-scale album about the extraordinary life of Dr. Norman Bethune in order to pay tribute to this great internationalist fighter.

Dr. Bethune lived a great life, one that could be easily testified by his incredibly selfless action of traveling across the world to aid the Chinese people's war of national liberation.

In the end of the 1930s, as a renowned thoracic surgery expert in North America, Dr. Bethune left behind his decent job and life for China to assist the Chinese people's War of Resistance against Japanese Fascism. In less than two years, he made remarkable contributions to China's liberation till the ultimate sacrifice of his own life. Chairman Mao Zedong spoke highly of Bethune's spirit of internationalism. Ever since, his name has been forever imprinted in the heart of the Chinese.

Bethune was a pioneer of international society's China aid practice and the earliest foreign doctor to throw his life into China's anti-Japanese Fascism war. If it were not for his appealing to international society and the earnest practice of what he advocated, there would not have been so many people of vision devoting their lives to China's battlefield later on. To name a few, our Indian friend –Dwarkanath Kotnis, Austrian friend –Rosenfeld and many other excellent doctors and medical workers who came to China's aid. Bethune was an organizer and practitioner of China's battlefield rescue. He set his own safety aside to save the injured on the frontlines, performed numerous operations and pulled thousands of lives back from death. He was also a battlefield medical technique inventor. Based on a practical point of view of guerrilla wars, he improved medical procedures, made innovations on medical instruments, developed medical supplies and organized local volunteer blood donation groups. In addition, Bethune was also the pioneer who had driven forward the regularization and modernization of the Eighth Route Army's medical and health practice. The field hospital and medical school he participated in establishing built a "never-leaving" medical team for soldiers and civilians in the Jin-Cha-Ji region. The medical system and education model he created, as well as the medical and management talents he trained, became the solid foundation of the healthcare industry of the People's Republic of China and the people's army.

Although Bethune passed away over 70 years ago, he has never really left us. The advanced idea of "socialized medicine" he proposed for the protection of people's health was realized after the establishment of the PRC. The core value of his proposal is highly synchronized with that of the current idea of promoting comprehensive and deep reform in the area of medical care. The precious spiritual wealth of Bethune's extreme sense of responsibility to work, attentiveness to patients and never fading passion in pursuing technique improvement has already been integrated into China's healthcare industry professionalism. It has also become the basic standard of China's medical ethics construction. He adopted the cause of helping the liberation of people in the world as his own, and this noble value has become Chinese healthcare workers' conscious action today. For over 50 years, China has successively sent out over 23,000 medical workers to more than 70 countries and regions, and cured nearly 270 million patients. Over 60 foreign aid medical staff have lost their lives due to the wars and diseases. Chairman Xi Jinping once commented that, "they now rest in peace in a foreign country just like Bethune, forever accompanying the people of the nation they aided". Bethune's great strength of character continues to influence the construction of China's contemporary socialism spiritual civilization. He has become a respected role model, honored by millions of Chinese. To live as a noble, pure and moral human being like Bethune, who is above vulgar interests and useful to the people, has already become a conscious action of the Chinese.

A man of good virtue is comparable to a great mountain that people admire, and the way of his life is worth learning by all.

Bethune does not only belong to Canada, China and Spain, but also the whole world. I am in complete agreement with the comment about Bethune made by Ms. Adrienne Clarkson, the former Governor General of Canada, that "The true essence of his entire life, in a certain sense, has already transcended beyond borders to become a sublimation that not only represents the spirit of internationalism but, in fact, also a mind as broad as the universe. Such a great mind has now been widely acknowledged by everyone in the world." Bethune's selfless devotion, passionate sense of responsibility, non-compromising dedication in seeking technique improvement and extensive exploration in innovation are all spirits of universal value. They have become increasingly popular and widely acknowledged by people of different ethnic backgrounds, countries, races and social classes.

Just as a wise saying states, "Although autumn falls, the sweet fragrance of the orchids still remains intact. Though death can take my life, the chivalrous spirit and character of mine will stay forever and glow."

I sincerely hope that the publication of this album will make new contributions to the promoting of Bethune's spirit to the whole world. I am deeply convinced that Bethune and his great spirit will become an incredible and powerful force in the advancement of human civilization and progress!

Héroe para siempre reconocido en todo el mundo

Mayo del 2015

Chen Zhu

Actualmente vicepresidente del Comité Permanente de la Asamblea Popular Nacional de China, presidente del Partido Democrático de Campesinos y Obreros de China, presidente honorario de la Academia de Investigación del Espíritu de Bethune

En 2015 se celebra el 70º aniversario de la victoria de la Guerra Anti-Japonesa del pueblo chino y la Guerra Mundial Antifascista, en el marco del cual, publicar un libro sobre la vida del magnífico doctor Bethune para rendir homenaje a este gran luchador del internacionalismo, contiene un significado histórico especial.

Tan sólo el hecho de venir a China demuestra cuán magnífica fue la vida del doctor Bethue, siempre en busca de ayudar a la liberación del pueblo.

A finales de los años 30 del siglo pasado, el doctor Bethune, cirujano torácico famoso en América del norte, abandonó el trabajo y la vida cómoda de su natal Canadá, para venir a China y ayudar en la lucha contra el fascismo japonés. En apenas dos años, aportó de manera extraordinaria a la emancipación del país en una lucha en la que consagró su vida. Fue muy elogiado por el presidente Mao por su internacionalismo. Desde entonces, su nombre dejó una huella en el corazón del pueblo chino.

Bethune fue un pionero en la ayuda a China en el margen mundial, fue el primer doctor extranjero que vino al campo de batalla en la guerra anti –japonesa. Por su apelación y acción, más personas de la sociedad internacional llegaron a ese sitio de guerra. Después, un gran número de trabajadores médicos sobresalientes vinieron a dar una mano, entre ellos el indio Dwarkanath Shantaram Kotnis, y el austriaco Jakob Rosenfel. Bethune fue organizador y practicante del trabajo de salvavidas en el campo de batalla posterior.

Arriesgando su vida, rescató a los heridos en el frente, realizó numerosas operaciones y salvó la vida de miles de combatientes. Fue el inventor de las técnicas médicas en el campo de batalla. Con base en la realidad de la guerra de guerrillas, perfeccionó el tratamiento médico, innovó dispositivos, desarrolló suministros y organizó equipos de donación de sangre. Fue pionero en promover la regulación y modernización del trabajo médico del Octavo Ejército. El hospital de guerrillas y la escuela médica de los que fue fundador, dejaron un equipo médico permanente para el ejército y el público de la región Shanxi-Chahar-Hebei Jinchaji. El sistema médico y el modelo pedagógico creados por Bethune, junto con el personal médico y el personal de administración médica, sentaron las bases de la nueva China y la salud de ejército del pueblo.

Aunque Bethune murió hace más de 70 años, nunca nos ha dejado. Su avanzada idea de socializar el sistema médico para asegurar la salud del pueblo, se convirtió en realidad después de la fundación de la nueva China. Los valores fundamentales de esa idea coinciden altamente con la profundización general de la reforma del sistema médico. Bethune era extremadamente responsable del trabajo, estaba lleno de pasión por aliviar a los enfermos, perseguía la perfección en la tecnología médica. Esas calidades se han integrado al valor profesional de la industria de la salud de China, convirtiéndose en lo fundamental para la ética y el ambiente médicos.

Su ideal de apoyo a la liberación y la paz del mundo se convirtió en la acción voluntaria del personal médico chino. Durante más de medio siglo, el país asiático envió a cerca de 70 países y regiones a 23 mil trabajadores de la salud, quienes trataron en total a 270 millones de personas. Un total de 60 de estos médicos dieron su vida por guerra o enfermedad. El presidente Xi Jinping comentó : "Ellos, al igual que el doctor Bethune, murieron en un país extranjero, y estarán siempre acompañados por el pueblo receptor." La gran personalidad del doctor Bethune dejó una importante influencia al establecimiento de la cultura espiritual socialista de la China contemporánea. Ese personaje fue un ejemplo para el pueblo chino, que tanto le admira. El aprender de Bethune de ser una persona noble, pura, moral, un hombre que se aleja de los intereses vulgares y que es bueno con el pueblo, es en sí misma una acción voluntaria de todos los chinos.

Un hombre sincero con carácter noble y moral, admirado, cuyas acciones serán tomadas como código de conducta por otros.

Bethune no sólo pertenece a Canadá, China y España, sino a todo el mundo. Estoy muy de acuerdo con el comentario de Adrienne Louise Clarkson, ex gobernadora general de Canadá, sobre Bethune: "Su vida, en cierto sentido, ha superado fronteras. No sólo representa el internacionalismo, en realidad muestra una mente amplia como el universo, que ahora es conocida por todo el mundo." El espíritu del sacrificio desinteresado de

Bethune, junto con su servicio responsable y cordial, su idea científica de buscar el perfeccionamiento, su continua innovación, por tener valores universales, son aceptados cada vez por más personas de distintas naciones, países, con diferentes colores de piel y de todas las clases sociales.

En la antigüa China se decía: la orquíeda del otoño no se muere. Aunque se muera, deja su fragancia de carácter fuerte.

Espero que la publicación de esta iconografía contribuya a heredar y difundir el espíritu de Bethune. Estoy convencido de que, Bethune, junto con su gran espíritu, ¡brillará en el proceso de avance de la civilización humanitaria!

Norman Bethune : chirurgien de réputation mondiale, combattant de la liberté

Mai 2015

Chen Zhu

Vice-président du Comité permanent de l'Assemblée populaire nationale (APN, parlement chinois) de la République populaire de Chine

Chef du Parti démocratique paysan et ouvrier de Chine

président d'honneur de l'Institut de recherche sur l'esprit de Bethune

L'année 2015 marque le 70e anniversaire de la double victoire de la Guerre du peuple chinois contre l'agression japonaise et de la Seconde Guerre mondiale. Dans ce contexte, la publication d'une anthologie de peintures reflétant la vie spectaculaire de Norman Bethune, dont l'objectif l'objectif est d'honorer ce grand combattant internationaliste, revêt une portée historique et spéciale.

La vie de Dr Bethune fut intense, ce qui est mis en lumière par son engagement dans la grande cause de la libération de la nation chinoise.

À la fin des années 1930, le Dr Bethune, chirurgien thoracique renommé en Amérique du Nord, abandonna son gratifiant travail et sa vie confortable pour venir en Chine, afin de soutenir la Guerre du peuple chinois contre l'invasion japonaise. En moins de deux ans, Bethune contribua de manière exceptionnelle à la grande cause de la libération de la nation chinoise. Il y consacra le reste de sa vie et mourut à son poste, en faisant son devoir. Le président Mao Zedong apprécia hautement l'esprit internationaliste manifesté par le Dr Bethune. Dès lors, le nom de Norman Bethune resta gravé dans le cœur du peuple chinois à jamais.

Précurseur des combattants étrangers venus en Chine pour soutenir la Guerre de résistance anti-japonaise, Bethune fut le premier médecin étranger à combattre au côté des soldats chinois sur le champ de bataille. Grâce à son appel et à son engagement personnel, davantage d'hommes clairvoyants de la communauté internationale se lancèrent dans la Guerre du peuple chinois contre l'agression japonaise et un grand nombre de médecins hautement qualifiés, dont le combattant indien Kwarkanath S. Kotnis (Ke Dihua de son nom chinois) et le médecin autrichien Jacob Rosenfeld, vinrent en Chine afin de donner un coup de main au peuple chinois. Organisateur et praticien des traitements médicaux sur le champ de bataille, Bethune risqua sa vie pour secourir les blessés sur la ligne de front et exécuter des opérations innombrables, sauvant des milliers de soldats chinois. Innovateur des techniques du traitement médical sur le champ de bataille, Bethune, en tenant compte des conditions réelles des guérillas, améliora les techniques de soins, innova certains dispositifs médicaux, inventa des médicaments et mit en service un groupe de donneurs volontaires de sang. Pionnier de la modernisation et de la régularisation du travail médicale la 8e armée d'infanterie, Bethune participa à la création de l'hôpital de campagne et de l'école médicale, laissant une équipe médicale destinée aux résidents et aux soldats de la région militaire Jin(Shanxi)-Cha(Chahar)-Ji(Hebei). Le système médical et le mode d'enseignement que Bethune créa, et le personnel médical et les talents qu'il forma jetèrent une base pour le système médical et sanitaire de la nouvelle Chine et de l'Armée populaire de libération.

Cela fait plus de 70 ans que Bethune est décédé, mais il ne nous a jamais réellement quitté. La « médecine socialisée » prônée par lui à cette époque visant à assurer la santé du peuple est maintenant mise en œuvre en Chine, et les valeurs essentielles du concept « médecine socialisée » correspondent de manière significative à l'orientation de la réforme profonde et globale du système de soins médicaux mise en avant aujourd'hui. Sa philosophie, caractérisée par un grand sens des responsabilités, un dévouement total aux patients et la recherche de la meilleure expertise, a inspiré le professionnalisme médical chinois contemporain et ces principes sont devenus un critère fondamental dans la construction de l'éthique médicale. Son grand idéal, de considérer le soutien à la cause pacifique de la libération des peuples du monde entier comme un devoir, est devenu une initiative volontaire reprise et mise en application par les professionnels de santé de la Chine. Au cours des cinquante dernières années, notre pays a envoyé successivement dans 70 pays et régions un total de 23 000 membres d'équipes médicales, et réalisé 270 millions d'actes médicaux. Pendant cette période, 60 personnes appartenant à ces équipes ont sacrifié leur vie pour combattre les guerres ou les maladies. Le président chinois Xi Jinping a indiqué que : « Comme Bethune, ces professionnels de santé inhumés en sol étranger accompagnent pour l'éternité les peuples des pays bénéficiaires ». Le caractère noble de Bethune a exercé une influence profonde et importante sur la construction de la civilisation socialiste spirituelle de la Chine contemporaine. Le médecin canadien est devenu un exemple à vénérer pour des millions de Chinois. Suivre l'exemple de Bethune et devenir une personne noble, une personne intègre, une personne de bonne moralité, une personne détachée des intérêts mesquins et une personne utile au peuple, sont devenus un principe directeur pour le peuple chinois.

Face à une personne jouissant d'une telle haute considération morale, on ne peut s'empêcher de suivre son exemple.

Norman Bethune appartient non seulement au Canada, à la Chine et à l'Espagne, il appartient aussi au monde entier. Personnellement, je partage l'appréciation que l'ancienne Gouverneure générale du Canada Adrienne Clarkson avait portée sur le Dr Bethune : « Sa vie, dans un certain sens, revêt une véritable signification qui a dépassé les frontières des pays en se sublimant, pour représenter non seulement l'esprit internationaliste et témoigner d'une vision aussi grande que le cosmos. Son apport est reconnu aujourd'hui dans le monde entier ». Le dévouement désintéressé, le profond sens des responsabilités à l'égard du travail et l'affection sans bornes pour les camarades et pour le peuple, l'esprit scientifique en quête d'excellence et l'esprit innovateur marqué par une recherche infinie dont Bethune fit preuve possèdent une valeur universelle et sont reconnus par de plus en plus de gens de différentes ethnies, de différentes couleurs de peau, provenant de différents pays et issus de divers milieux.

L'arôme de l'orchidée ne se dissipe pas en automne, et la réputation d'un chevalier errant ne s'efface malgré sa mort, dit un ancien dicton chinois.

Que la parution de cette anthologie puisse contribuer au rayonnement de la philosophie de Bethune afin qu'elle puisse être transmise de générations en générations et être valorisée dans le monde entier ! Je suis profondément convaincu que Bethune et son grand esprit joueront un rôle éminent dans la promotion de la civilisation humaine !

纪念白求恩

毛泽东

1939 年 12 月 21 日

　　白求恩同志是加拿大共产党员，五十多岁了，为了帮助中国的抗日战争，受加拿大共产党和美国共产党的派遣，不远万里，来到中国。1938 年春到延安，后来到五台山工作，不幸以身殉职。一个外国人，毫无利己的动机，把中国人民的解放事业当作他自己的事业，这是什么精神？这是国际主义的精神，这是共产主义的精神。列宁主义认为：资本主义国家的无产阶级要拥护殖民地半殖民地人民的解放斗争，殖民地半殖民地的无产阶级要拥护资本主义国家的无产阶级的解放斗争，世界革命才能胜利。白求恩同志是实践了这一条列宁主义路线的。我们中国共产党员也要实践这一条路线。我们要和一切资本主义国家的无产阶级联合起来，要和日本的、英国的、美国的、德国的、意大利的以及一切资本主义国家的无产阶级联合起来，才能打倒帝国主义，解放我们的民族和人民，解放世界的民族和人民。这就是我们的国际主义，这就是我们用以反对狭隘民族主义和狭隘爱国主义的国际主义。

　　白求恩同志毫不利己专门利人的精神，表现在他对工作的极端的负责任，对同志对人民的极端的热忱。每个共产党员都要学习他。不少的人对工作不负责任，拈轻怕重，把重担子推给人家，自己挑轻的。一事当前，先替自己打算，然后再替别人打算。出了一点力就觉得了不起，喜欢自吹，生怕人家不知道。对同志对人民不是满腔热忱，而是冷冷清清，漠不关心，麻木不仁。这种人其实不是共产党员，至少不能算一个纯粹的共产党员。从前线回来的人说到白求恩，没有一个不佩服，没有一个不为他的精神所感动。晋察冀边区的军民，凡亲身受过白求恩医生的治疗和亲眼看过白求恩医生的工作的，无不为之感动。每一个共产党员，一定要学习白求恩同志的这种真正共产主义者的精神。

白求恩同志是个医生，他以医疗为职业，对技术精益求精；在整个八路军医务系统中，他的医术是很高明的。这对于一班见异思迁的人，对于一班鄙薄技术工作以为不足道、以为无出路的人，也是一个极好的教训。

我和白求恩同志只见过一面。后来他给我来过许多信。可是因为忙，仅回过他一封信，还不知他收到没有。对于他的死，我是很悲痛的。现在大家纪念他，可见他的精神感人之深。我们大家要学习他毫无自私自利之心的精神。从这点出发，就可以变为大有利于人民的人。一个人能力有大小，但只要有这点精神，就是一个高尚的人，一个纯粹的人，一个有道德的人，一个脱离了低级趣味的人，一个有益于人民的人。

In Memory of Norman Bethune

December 21, 1939

Mao Zedong

Comrade Norman Bethune, a member of the Communist Party of Canada, was more than fifty years old when he was sent by the Communist Parties of Canada and the United States to China. He made light of travelling thousands of miles to help us in our War of Resistance Against Japan, arrived first in Yan'An in the spring of last year, then travelled to work in the Wutai Mountains until ultimately, to our great sorrow, died a martyr at his post. What kind of spirit is this that made a foreigner selflessly adopt the cause of the Chinese people's liberation as his own? It is the spirit of internationalism and also that of communism, from which every Chinese Communist must learn. Leninism teaches that the world revolution can only succeed if the proletariat of the capitalist countries supports the battle for liberation of the people in colonies and semi-colonies and if the proletariat of the colonies and semi-colonies supports the battle of the proletariat of the capitalist countries. Comrade Bethune put this Leninist theory into practice. We Chinese Communists must also follow this guideline in our practice. We must unite with the proletariat of all the capitalist countries, including that of Japan, Britain, the United States, Germany, Italy and all the other capitalist countries, for this is the only way to overthrow imperialism, to liberate our nation and people and to liberate the other nations and peoples of the world. This is our internationalism, one that we adopt to oppose both narrow nationalism and narrow patriotism.

Comrade Bethune's spirit of utter devotion to others without any thought of self was shown in his great sense of responsibility in work and his passionate warm-heartedness towards all the comrades and people. Every Communist must learn from him. There are many people who are irresponsible in their work, preferring the light and shirking the heavy, passing the burdensome tasks on to others and choosing the easy ones for themselves. At every turn they think of themselves before others. When they make some small contribution, they swell with pride and brag about it so that everybody could know. They feel no warmth towards comrades and the people but are cold, indifferent and apathetic. In truth, such people are not Communists, or at least cannot be counted as devoted Communists. No one returned from the front would not express admiration for Bethune whenever his name was mentioned and no one could stay unmoved by his spirit. In the Jin-Cha-Ji (Shansi-Chahar-Hebei) border area, no soldier or civilian who had been treated by Dr. Bethune or had seen him working was not moved by him. Every Communist Party member must learn this true spirit of communism from Comrade Bethune.

Comrade Bethune was a doctor; the art of healing was his profession and he was constantly perfecting his skills. In the Eighth Route Army's medical service system, his skills stood very high. His example is an excellent lesson for those who lack commitment to their work and for those who despise technical works as of no importance or of no future.

Comrade Bethune and I met only once. Afterwards he wrote me many letters. However, I replied to him only once due to busy work and was not sure if he ever received it. I am deeply grieved over his death. Now we are all commemorating him, which shows how profoundly his spirit has inspired everyone. We must all learn the spirit of absolute selflessness from him. With this spirit, everyone can be of great value to the people. A person's ability may be great or small, but with such spirit, he is surely a noble-minded and pure human being of moral integrity, one who is above vulgar interests and of value to the people.

En conmemoración a Norman Bethune

21 de diciembre de 1939

Por Mao Zedong

El camarada Norman Bethune, miembro del Partido Comunista de Canadá, tenía más de 50 años cuando fue enviado por los partidos comunistas de Canadá y Estados Unidos a China. Viajó miles de kilómetros para ayudarnos en nuestra Guerra de Resistencia contra Japón. Llegó a Yan´an la primavera del año 1938, luego fue a trabajar en la montaña Wutai, y para nuestra desgracia, ahí ofrendó la vida. ¿Qué clase de espíritu anima a un extranjero a tomar la liberación del pueblo chino como causa propia sin ningún motivo egoísta? Es el espíritu del internacionalismo, el del comunismo, del que cada miembro del Partido Comunista de China (PCCh) necesita aprender. De acuerdo con el Leninismo, la revolución en el mundo únicamente puede triunfar si el proletariado de los países capitalistas se une a la lucha de liberación de los pueblos coloniales y semi-coloniales y viceversa. El compañero Bethune practicó esta idea leninista, que nosotros los miembros del PCCh debemos seguir en nuestro diario actuar. Debemos unirnos al proletariado de todos los países capitalistas como Japón, Inglaterra, Estados Unidos, Alemán, Italia, entre otros, pues es la única manera de derribar el imperialismo y liberar así a nuestro país y a nuestro pueblo, a todos los países y pueblos del mundo. Este es nuestro internacionalismo, que se opone al nacionalismo y al patriotismo estrechos.

El espíritu del camarada Bethune, su total dedicación a los demás sin pensar en sí mismo, queda reflejado en la suma responsabilidad en su trabajo, y el entusiasmo infinito que mostraba tanto a los camaradas como al pueblo en general. Todos los comunistas deben aprender de él. No son pocos quienes se portan de manera irresponsable en sus trabajos, quienes pasan las tareas pesadas a otros mientras eligen las más fáciles para ellos mismos. En cada oportunidad, piensan primero en sí mismos antes que en los demás. Cuando hacen alguna pequeña contribución, se llenan de orgullo y se jactan de ello por miedo a que los demás no lo sepan. No sienten el entusiasmo hacia los compañeros y las personas, en cambio son fríos, indiferentes y apáticos. Personas como esas no son verdaderos communistas, o por lo menos no pueden ser tomados como fieles comunistas. Todos aquellos que regresaron del frente de batalla, expresaron su admiración por Bethune cada vez que se mencionaba su nombre, y nadie se mantuvo impasible ante su espíritu. En la zona fronteriza de Shanxi - Chahar - Hebei(Jinchaji) , ningún soldado o civil que había sido tratado por Bethune, quedaba indiferente ante su ánimo. Todos los comunistas deben aprender de este verdadero espíritu comunista del camarada Bethune .

El camarada Bethune era médico, el arte de curar era su profesión y constantemente perfeccionaba sus habilidades, las cuales aplicó de manera destacada durante servicio médico del Octavo Ejército. Su ejemplo es una buena lección para aquellas personas que desean cambiar de trabajo en el momento que ven algo diferente y para aquellos que desprecian el trabajo técnico por considerarlo de poca consecuencia y que no tiene un futuro prometedor.

Una sola vez me reuní con el camarada Bethune. Después me escribió varias cartas. Sin embargo, estaba ocupado y sólo le respondió una, y ni siquiera sé si la recibió. Estoy muy apenado por su muerte. Hoy, todos le conmemoramos como una muestra de cuán profundamente su espíritu nos emociona. Debemos aprender del espíritu de abnegación absoluta del camarada Bethune. Con ello, todos podemos ser muy útiles para el pueblo. La capacidad de cada persona varia, pero con ese ánimo, uno será un alma honesta, fiel, virtuosa, será un hombre que se mantiene alejado de intereses vulgares, una persona buena para el pueblo.

À la mémoire de Norman Bethune

21 décembre 1939

Mao Zedongil

Le camarade Bethune était membre du Parti communiste du Canada. Il avait une cinquantaine d'années quand il fut dépêché en Chine par le Parti communiste du Canada et le Parti communiste des États-Unis afin de soutenir la Guerre du peuple chinois contre l'agression japonaise. Bethune n'hésita pas à parcourir des milliers de kilomètres pour venir ici nous aider. Il arriva à Yan'an lors du printemps de 1938, puis il travailla dans la région du Mont Wutai où, à notre plus grand regret, il mourut à son poste, en faisant son devoir. En tant qu'étranger, sans aucun motif pour chercher à satisfaire ses intérêts personnels, il a considéré la cause de la libération du peuple chinois comme la sienne. Quels sont les qui l'ont inspiré ? C'est l'esprit de l'internationalisme et du communisme. et c'est un esprit auquel chaque membre du Parti communiste chinois doit s'en tenir. Selon le léninisme, la révolution mondiale ne peut triompher que si le prolétariat des pays capitalistes soutient la lutte libératrice lancée par les peuples des pays coloniaux et semi-coloniaux et que si le prolétariat des colonies et des semi-colonies apporte leur soutien à la lutte libératrice engagée par le prolétariat des pays capitalistes. Le camarade Bethune a mis en œuvre cette ligne léniniste. Quant à nous, membres du Parti communiste chinois, nous devons également mettre en pratique cette principe. Nous devons nous unir avec le prolétariat de tous les pays capitalistes, dont celui du Japon, de la Grande-Bretagne, des États-Unis, de l'Allemagne et de l'Italie, afin que nous puissions parvenir à abattre l'impérialisme, à libérer notre nation et notre peuple, et même à libérer des nations et des, peuples du monde entier. Tel est notre internationalisme, avec lequel nous luttons contre le nationalisme et le patriotisme étroits.

L'esprit du Dr Bethune, marqué par un oubli total de soi et un entier dévouement aux autres, se traduisait par son profond sens des responsabilités à l'égard du travail et sa grande amabilité aux camarades et au peuple. Chaque membre du Parti communiste chinois doit suivre son exemple. En fait, il y a pas mal de gens qui manquent de sens des responsabilités dans leur travail, qui choisissent les tâches faciles en laissant aux autres les travaux pénibles et en prenant eux-mêmes la charge la plus légère. Face à n'importe quelle situation, ils pensent d'abord à eux-mêmes, et puis aux autres. Une fois qu'ils auront déployé certains efforts, ils s'en vanteront, de crainte que les gens ne s'en soient pas aperçus. Face aux camarades et au peuple, au lieu de manifester leur gentillesse, ces gens n'ont que froideur, indifférence, et insensibilité. À mon avis, les gens de ce genre ne sont pas des communistes, ou au moins, ils ne peuvent être considérés comme de vrais communistes. Parmi les gens qui sont revenus de la ligne de front, quand on parle de Bethune, il n'y avait personne qui ne exprima son admiration pour lui, et qui ne fut touchée par son esprit. Parmi les soldats et les habitants de la région frontière Jin-Cha-Ji (Shanxi-Chahar-Hebei) ayant reçu les soins du médecin Bethune, ou ayant témoigné de son travail, il n'y avait personne qui ne fut émue profondément par son esprit d'abnégation. Il faut que tous les membres du Parti communiste chinois apprennent du camarade Bethune ce vrai esprit communiste.

Le camarade Bethune était médecin. Son métier consistait à soigner et à traiter les patients, et il se perfectionnait sans cesse son expertise. Parmi tous les professionnels de santé de la 8e armée d'infanterie, Bethune était l'un des médecins les plus hautement qualifiés. Tout cela devrait donner un avertissement à tous ceux qui ne pensent qu'à changer de travail une fois qu'ils en entrevoient un autre, ou qui méprisent le travail technique, en le considérant comme un métier insignifiant et sans avenir.

Je n'ai rencontré qu'une seule fois le camarade Bethune. Et après cette rencontre, Bethune m'a beaucoup écrit, mais en raison de mes occupations, je ne lui ai répondu qu'une seule fois, et je ne sais même pas s'il a reçu ma lettre. Sa mort m'a beaucoup affligé. Maintenant, tout le monde honore Bethune, et de ce fait, nous pouvons constater à quel point son esprit nous a touché. Nous devons apprendre de lui ce parfait esprit d'abnégation. Donc de cette manière, chacun pourrait devenir une personne très utile au peuple. Qu'on soit plus ou moins capable, il suffit de posséder cet esprit pour devenir une personne noble, une personne intègre, une personne de bonne moralité, une personne détachée des intérêts mesquins, et une personne utile au peuple.

诺尔曼·白求恩

加拿大共产党员，著名的外科医生。1890年3月3日生于加拿大安大略省格雷文赫斯特镇。青年时代，当过工人，卖过报纸，和劳动人民有过广泛的接触。1936年，德意法西斯侵犯西班牙时，他亲赴前线，为反法西斯的西班牙人民服务。

1937年，中国的抗日战争爆发，他受加拿大共产党和美国共产党的派遣，率领一支医疗队，于1938年初来到中国，同年春天到达延安。毛泽东与他见面，同他进行了亲切的谈话。不久，他转赴晋察冀军区，担任军区卫生顾问。在艰苦的战争环境里，他和晋察冀边区军民，同甘苦，共患难，把中国人民的解放事业当作他自己的事业，以崇高的国际主义精神和忘我的工作精神，为中国人民的解放事业做出了重大贡献。后因医治伤员中毒，经抢救无效，不幸于1939年11月12日在河北省唐县黄石口村逝世。

Norman Bethune

Norman Bethune was a member of the Canadian Communist Party and a renowned surgeon. He was born on March 3rd, 1890 in Gravenhurst, Ontario, Canada. When he was young, he used to work in factories and as a newspaper boy, the experience of which gave him extensive opportunities to connect with the laboring people. In 1936 when Germany and Italian Fascists invaded Spain, Bethune took the initiative to go to the front line, helping the Spanish people with their battle against Fascism.

In 1937, China began the War of Resistance against Japan. Bethune was sent by the communist parties of Canada and the Unites States to China with a medical team as the leader. He arrived in in early 1938 and went to Yan'An in the spring of the same year. Mao Zedong greeted and interviewed him in a warm and friendly atmosphere. Shortly afterwards, Bethune set off again for the Jin-Cha-Ji military district to work as a medical consultant. In the border region's harsh environment, he shared the same bittersweet wartime life with the local armies and civilians, fighting side by side with them. He took the cause of Chinese people's national liberation as his own and made extraordinary contributions to it in the spirit of lofty internationalism and selfless devotion. He contracted serious infection during the rescue of a wounded soldier and, to our deepest grief, passed away despite all treatment on November 12th, 1939 in Huangshikou Village of Tang County in Hebei Province.

Norman Bethune

Miembro del Partido Comunista de Canadá, famoso cirujano. Nació el 3 de marzo de 1890 en la ciudad de Gravenhurst, Ontario, Canadá.

En su juventud trabajó vendiendo periódicos, lo que lo puso en contacto con la clase trabajadora. Cuando los fascistas alemánes e italianos invadieron España en 1936, Norman Bethune fue al frente para ayudar al al pueblo ibérico en su lucha antifascista.

En 1937, explotó la guerra de resistencia antijaponesa del Pueblo Chino. Designado por los Partidos Comunistas de Canadá y Estados Unidos, Bethune llegó a China a principios de 1938 con un equipo médico bajo su liderazgo. En la primavera del mismo año llegó a Yan'an. Mao Zedong se reunió con él y tuvieron una conversación cordial. Pronto se trasladó a la zona militar de Shanxi-Chahar-Hebei(Jinchaji), donde se desempeñó como consejero de sanidad. En el difícil ambiente de la guerra, Norman Bethune trabajaba contra viento y marea junto con los soldados y los habitantes de la zona. Tomó a la liberación del pueblo chino como una causa personal. Con su noble espíritu del internacionalismo y su trabajo desinteresado, contributó significativamente a la liberación del pueblo chino.

Bethune murió el 12 de noviembre de 1939, a causa de una infección que adquirió mientras atendía a un herido en el pueblo de Huangshikou del distrito de Tang de la provincia de Hebei.

Norman Bethune

membre du Parti communiste du Canada et chirurgien de renommée. Il naquit le 3 mars 1890 à Gravenhurst en Ontario du Canada. Dans sa jeunesse, Bethune travailla en tant qu, ouvrier et livreur de journaux, et eut des contacts fréquents avec des travailleurs. En 1936, quand les fascistes allemands et italiens envahirent l'Espagne, Bethune se rendit sur la ligne de front et se mit au service du peuple espagnol qui luttait contre le fascisme. Après que la Guerre du peuple chinois contre l'agression japonaise eut éclaté en 1937, Bethune vint en Chine à la tête de l'équipe médicale : Canadian-American Mobile Medical Unit au début de l'année 1938. Il arriva à Yan'an lors du printemps de cette année. Mao Zedong rencontra Bethune et ils eurent un entretien amical. Bethune se dirigea peu après vers la région frontière Jin-Cha-Ji (Shanxi-Chahar-Hebei) et y travailla en tant que conseiller sanitaire de la région militaire. Dans la situation de guerre difficile, Bethune fut solidaire avec les soldats et le peuple de la région militaire Jin-Cha-Ji pour le meilleur et pour le pire et fit sienne la cause de la libération du peuple chinois. Avec son grand internationalisme, sa totale abnégation, son grand dévouement au travail, Bethune fit une contribution importante à la cause de la libération de la nation chinoise. Bethune contracta une septicémie en opérant d'urgence pour un soldat blessé et puis décéda, le 12 novembre 1939, malgré tous les soins qui lui furent prodigués, dans le district de Tangxian, de la province du Hubei.

少年入世

　　亨利·诺尔曼·白求恩，1890年3月3日出生在加拿大安大略省格雷文赫斯特镇约翰街。

　　白求恩家族16世纪中叶从法国北部迁居到苏格兰，18世纪70年代初又从苏格兰移居加拿大。父亲马尔科姆·尼科尔森·白求恩是长老会牧师，母亲伊丽沙白·安·古德温当过传教士，祖父亨利·诺尔曼·白求恩是一名杰出的医生。祖父对白求恩之后从医产生过深刻影响。

　　白求恩幼年时代在格雷文赫斯特度过，1896年全家定居多伦多。他在那里读完小学、中学。中学期间和后来的两年，白求恩曾送过报，在食堂当过招待员，在客轮上当过侍者，在报社当过记者，在农村小学当过教师。

Young Norman Bethune

Henry Norman Bethune was born on March 3rd 1890, in Gravenhurst, Ontario, Canada.

The ancestor of Bethune's family migrated from northern France to Scotland in the mid-16th century and then moved again from Scotland to settle in Canada in the early 1870s. Norman Bethune's farther, Malcolm Nicolson Bethune, was a Presbyterian minister; his mother, Elizabeth Ann Goodwin, used to be a missionary; his grandfather, Henry Norman Bethune, was an excellent doctor, which had a great influence on Bethune's future career decision.

Bethune spent his childhood in Gravenhurst and moved with his family to live in Toronto in 1896, where he completed his elementary and middle school education. Bethune started working as early as in middle school and continued to work for two years after graduation; the roles he worked as included newspaper boy, waiter in restaurants and liners, journalist for newspapers and teacher in a countryside school.

Juventud

Henry Norman Bethune nació el 3 de marzo de 1890 en la calle Jhon del distrito Gravenhurst de la provincia de Ontario de Canadá.

La familia Bethune se trasladó a Escocia desde el norte de Francia a mediados del siglo 16, y a principios de los años 70 del siglo18 emigró a Canadá. Su padre, Malcolm Nicholson Bethune era un pastor y su madre, Elizabeth Ann Goodwin, una misionera; su abuelo, quien también se llama Henry Norman Bethune, fue un excelente doctor.

Bethune pasó sus primeros años de infancia en Gravenhurst y después se trasladó a Toronto con su familia, donde terminó la escuela primaria y la secundaria. Durante el período de la escuela secundaria y los dos años siguientes, Hery tuvo diversos trabajos: envío periódicos, sirvió en un restaurante, fue camarero en un ferry, trabajó en un diario local y después se desempeñó como profesor en una escuela rural.

L'adolescence

Henry Norman Bethune naquit le 3 mars 1890 rue John, à Gravenhurst en Ontario au Canada.

La famille Bethune déménagea en Écosse au milieu du 16e siècle du Nord de la France et puis émigra au Canada au début des années 70 du 18e siècle. Son père Malcolm Nicholson Bethune était un pasteur presbytérien, sa mère Elizabeth Anne Goodwin était une missionnaire presbytérienne, tandis que son grand-père Norman Bethune était un médecin remarquable, qui exerça une influence profonde sur la décision de Bethune de poursuivre une carrière en médecine.

Henry Norman Bethune passa son enfance à Gravenhurst et en 1896, sa famille décida de s'installer à Toronto où il finit ses études primaires et secondaires. Lorsqu'il était au collège et pendant les deux années après qu'il eut fini ses études secondaires, Bethune travailla en tant que livreur de journaux, serveur dans une cantine, réceptionniste dans un paquebot, journaliste de la presse écrite et instituteur dans une école primaire rurale.

位于加拿大安大略省多伦多市以北约一百五十公里格雷文赫斯特市的白求恩故居

Bethune's former residence in Gravenhurst, about 150km north of Toronto, Ontario, Canada

Antigua residencia de Bethune en Gravenhurst, unos 150 kilómetros al norte de Toronto, Ontario, Canadá

La maison natale de Norman Bethune à Gravenhurst, située à environ 150 kilomètres au nord de Toronto, Ontario, Canada

白求恩父亲（左）马尔科姆·尼科尔森·白求恩（1857—1932）和母亲（右）伊丽沙白·安·古德温（1852—1948）

Bethune's father (left), Malcolm Nicolson Bethune (1857-1932), and mother (right), Elizabeth Ann Goodwin (1852-1948)

Malcolm Nicolson Bethune (1857-1932), el padre de Bethune. Elizabeth Ann Goodwin (1852-1948), la madre de Bethune

Malcolm Nicholson Bethune (1857-1932), père de Bethune (à gauche) ; et Elizabeth Anne Goodwin (1852-1948), mère de Bethune (à droite)

白求恩一家早期的一幅照片。马背上是三四岁光景的白求恩。

The earliest known picture of the Bethune family. The three or four-year-old Norman Bethune was on the horse.

Esta es la imagen más antigua conocida de la familia Bethune, en el que Norman, a los 3 o 4 años de edad, estaba en el caballo.

La photo la plus ancienne de la famille Bethune. Bethune âgé de 3 ou 4 ans à dos de cheval.

1900 年白求恩姐弟合影，（左）亨利·诺尔曼·白求恩，（中）姐姐珍妮·路易丝·白求恩，（右）弟弟马尔科姆·古德温·白求恩。

Taken in 1900, Bethune with his brother and sister, (left) Henry Norman Bethune, (middle) elder sister Jenny Lewis Bethune, (right) younger brother Malcolm Goodwin Bethune.

Foto de Bethune con sus hermanos del año 1900. (A la izquierda) Henry Norman Bethune, (en medio) su hermana Jenny Luis Bethune, (a la derecha) su hermano Malcolm Goodwin Bethune.

Une photo de Bethune et de sa sœur aînée en 1900, Henry Norman Bethune (à gauche), Janet Louise Bethune (au centre), Malcolm Goodwin Bethune (à droite).

1904 年—1905 年，白求恩（右二）在安大略省欧文桑德城的专科学校，图为与几位足球伙伴的合影。

1904 or 1905, teenage Bethune (the second on the right) with friends playing football at the Owen Sound Collegiate of Ontario.

Alrededor de 1904-1905, Bethune (segundo a la derecha) de 14 o 15 años de edad con amigos de fútbol en el colegio en la ciudad de Owen Sound, Ontario.

Entre 1904 et 1905, Bethune âgé de 14 ou 15 ans (2e à droite), à l'Institut religieux d'Owen Sound, en Ontario, jouant au football avec ses amis.

1904年，白求恩母亲携白求恩（右二）及姐弟回英国探亲时的合影。

Bethune's mother took her children to visit her relatives in England in 1904. The second one on the right is Norman Bethune.

La madre de Bethune llevó a sus hijos a visitar a sus parientes en Inglaterra en 1904. Bethune es el segundo de la derecha.

Bethune (2e à droite), sa mère et sa sœur aînée en Angleterre pour visiter leurs proches, en 1904.

1905 年前后的白求恩

Norman Bethune in 1905

Bethune, alrededor de 1905

Bethune en 1905

立志学医 三度从军

    1909 年 10 月，白求恩考入多伦多大学医学院。1911 年 9 月，白求恩离开学校前往安大略省苏必利尔湖以北的边疆学院任教，当过一段时间的伐木工，并在晚上给移民工人讲授英语和文化课，还在《温尼伯论坛报》当过一个时期记者。1912 年 9 月，重回多伦多大学学医。

    1914 年 7 月，第一次世界大战爆发。白求恩于当年 9 月 8 日应征入伍。1915 年 2 月，在英国接受短期训练后，随加拿大战地救护团前往法国前线做担架员。4 月 29 日，在比利时西北部城镇伊普尔的战斗中，左腿受伤，住院治疗。

    1915 年 11 月，伤愈后回到多伦多大学医学院继续学习。1916 年 12 月毕业，获学士学位。1917 年春，再次参军，在英国皇家海军服役，任伦敦查塔姆医院上尉军医，后又在"飞马号"军舰上担任医生。1919 年 2 月退伍后，在伦敦大奥尔蒙德街儿童医院任实习外科医生。当年秋返回加拿大安大略省，在斯特拉特福、英格索尔等地行医。

    1920 年 2 月，白求恩第三次参军，在加拿大空军任上尉军医。1920 年 10 月退伍后回到英国伦敦大奥尔蒙德街儿童医院学习外科。1922 年 2 月 3 日，经严格考试，白求恩被录取为英国皇家外科学会会员。

Resolution in Studying Medicine and Enlisting in the Army

In October 1909, Bethune was enrolled at the Faculty of Medicine of the University of Toronto. He interrupted his study in September 1911 to become a teacher at a boarding school near the north of Lake Superior in Ontario. There, Bethune worked as a lumberjack and a teacher of English at night for immigrant workers. He also worked as a journalist for the Winnipeg Tribune for a period of time. In September 1912, he returned to the university to resume medical study.

In July 1914, World War I broke out. Bethune made his decision to enlist in the army for the first time on September 8th of the same year. After receiving a short period of military training in Britain in February 1915, he joined the Field Ambulance Group of Canada as a stretcher-bearer to serve on the French front line. Bethune's left leg was injured in a battle at Ypres, a town in northwest Belgium, on April 29th and he was sent to hospital for treatment.

Upon recovery in November 1915, Bethune returned to the University of Toronto once again to complete his medical degree and graduated in December 1916 with an M.D. In the spring of 1917, he decided to join the armed forces again to serve in the British Royal Navy as a captain medical officer first in Chatham Hospital of London and then on H·M·S warship Pegasus. After being honorably discharged in February 1919, Bethune started an internship in the Great Ormond Street Children's Hospital in London as a surgeon. He returned to Canada in the autumn of that year and started medical practice in Stratford and Ingersoll.

In February 1920, Bethune joined the military for the third time in his life, serving as a captain medical officer in the Canadian Air Force. He was discharged in October 1920 and returned to the Great Ormond Street Children Hospital in London to continue studying surgery. Having passed the strict medical examinations, Bethune was accepted as a member of the British Royal Society of Medicine on February 3rd 1922.

Aprendiz de medicina e integrante del ejército

En el octubre de 1909, Bethune fue admitido por la Universidad de Toronto. En septiembre de 1911, dejó la universidad para incorporarse como maestro voluntario del Frontier College en el norte de Ontario, donde también trabajó como maderero y además daba clases nocturnas a los trabajadores inmigrantes para enseñarles a leer y escribir en inglés, además de un poco de cultura. Luego de estas experiencias, el joven Bethune trabajó como periodista en el "Winnipeg Tribune" durante un período. En septiembre de 1912, regresó a Toronto para completar sus estudios en medicina.

En julio de 1914 estalló la Primera Guerra Mundial, y Bethune, el 8 de septiembre del mismo año, se alistó en el ejército. Luego de recibir el entrenamiento corto en Reino Unido, fue al frente con Francia como integrante del Campo Ambulancia del ejército canadiense para servir como camillero. El 29 de abril, en la batalla de Ypres, ciudad del noroeste de Bélgica, Bethune fue herido en la pierna izquierda y fue hospitalizado para su tratamiento.

En el noviembre de 1915, una vez recuperado, Bethune regresó a la Universidad de Toronto para continuar sus estudios. Un año más tarde, en diciembre de 1916, se graduó y recibió su título de médico. En la primavera de 1917, Betune volvió a alistarse en el ejército y se unió a la Armada Naval del Reino Unido, como teniente-cirujano en el hospital de Chatham, y más tarde sirvió como médico en el buque de guerra "Pegasus". En febrero de 1919, se retiró del ejército y trabajó como pasante de médico en el hospital infantil londinense de Great Ormond Street Hospital. Durante el otoño de ese mismo año, regresó a Ontario donde trabajó como doctor en Statford, Ingersol y otros lugares.

En el febrero de 1920, Bethune se alistó en el ejército por tercera vez como capitán-médico militar en la Fuerza Aérea Canadiense. En octubre del mismo año se retiró para especializarse en cirugía en el hospital infantil londinense de Great Ormond Street Hospital. El 3 de febrero de 1922, después de un examen riguroso, Bethune fue admitido como miembro del Colegio Real de Cirujanos.

La poursuite de la carrière comme médecin et l'engagement dans trois armées

En octobre 1909, Bethune fut admis à la faculté de médecine de l'Université de Toronto. En septembre 1911, Bethune quitta l'université pour travailler comme ouvrier enseignant dans le Collège Frontière, situé au nord du lac Supérieur de l'Ontario. Il était bûcheron pendant un certain temps et le soir il donna donnait cours d'alphabétisation et de culture aux ouvriers immigrés. Pendant ce temps il était également journaliste du « Winnipeg Tribune ». Bethune rentra à l'Université de Toronto en septembre 1912 pour continuer ses études de médecine.

La Première Guerre mondiale éclata en juillet 1914. Accepté dans le Corps de santé de l'armée canadienne le 8 septembre, Bethune arriva en France en février 1915 en tant que brancardier après avoir reçu une courte formation en Angleterre. Le 29 avril, au cours de la bataille d'Ypres au nord-ouest de la Belgique, il fut blessé à la jambe gauche et puis hospitalisé en Angleterre.

En novembre 1915, Bethune, guéri, fut rapatrié au Canada pour continuer ses études à la faculté de médecine de l'Université de Toronto. Il termina ses études et reçut un baccalauréat en médecine de l'Université de Toronto en décembre 1916. Pendant le printemps de 1917, il s'enrôla dans la Marine royale de l'Angleterre en tant que lieutenant-chirurgien à l'Hôpital Chatham de Londres, puis comme médecin sur le porte-avions Pegasus. Après sa démobilisation en février de 1919 à la fin du conflit, il effectua un internat de six mois à l' Hôpital pour les enfants malades, établissement de renommé sur la rue Great Ormond, à Londres. À son retour au Canada, en automne, Bethune établit sa pratique privée à Stratford et à Ingersoll en Ontario.

En février 1920, Bethune s'engagea pour la troisième fois dans l'armée et pendant plusieurs mois, fut lieutenant au sein du personnel médical de l'aviation canadienne. À la suite de sa démobilisation en octobre de cette année, il retourna de nouveau en Grande-Bretagne pour commencer son second internat à l'Hôpital pour les enfants malades sur la rue Great Ormond. Le 3 février 1922, il fut admis au Collège royal des médecins de la Grande-Bretagne après avoir réussi un concours très sélectif.

1909 年 10 月，白求恩考入多伦多大学医学院。图为多伦多大学现貌。

Bethune was enrolled in the Faculty of Medicine of the University of Toronto in October 1909. The photo shows the current Toronto University site.

En octubre de 1909, Bethune se incorporó a la Escuela de Medicina de la Universidad de Toronto. La universidad hoy día.

En octobre 1909, Bethune a été admis à la faculté de médecine de l'Université de Toronto ; L'Université de Toronto d'aujourd'hui.

1911 年秋冬，白求恩（左四）在苏必利尔湖附近做伐木工人时留影。

Bethune (the fourth on the left) working as a lumberjack near Lake Superior near wintertime of 1911.

En otoño o invierno de 1911, Bethune (el cuarto de la izquierda) trabajó como leñador cerca del Lago Superior.

Bethune (4e à gauche), a travaillé en tant que bûcheron près du lac Supérieur, pendant l'automne et l'hiver de 1911.

1914 年 9 月，白求恩第一次入伍，在法国前线做担架员。

In September 1914, Bethune was enlisted in the army to work as a stretcher-bearer on the French front line.

En septiembre de 1914, Bethune se alistó por primera vez en el ejército. Sirvió como camillero en el frente de Francia.

En septembre 1914, Bethune s'est engagé dans l'armée pour la première fois en qualité de brancardier sur la ligne de front en France.

▶ 1917 年春，白求恩第二次入伍，在英国皇家海军服役。

In the spring of 1917, Bethune joined the armed forces again and was serving in the British Royal Navy.

En la primavera de 1917, Bethune se incorporó por segunda vez al ejército. Sirvió en la Marina Real.

Pendant le printemps de 1917, Bethune s'est enrôlé pour la deuxième fois dans l'armée et a servi dans la Marine royale de l'Angleterre.

Your affectionate brother
Mar 10/17.

51

1918年，白求恩在英舰"飞马号"任上尉军医。白求恩在照片上题："诺尔曼·白求恩与朋友合影，1918年1月28日。"

In 1918, Bethune served as a captain and medical officer on the British warship H·M·S *Pegasus*. He wrote on the photo , "Norman Bethune with friend, 28th January 1918."

En 1918, Bethune fue médico capitán en la nave británica Pegasus. Firmó en la foto : "Norman Bethune con amigos, el 28 de enero del 1918."

En 1918, Bethune a travaillé en tant que médecin sur le porte-avions Pegasus. Bethune a écrit les mots suivants sur cette photo : « Norman Bethune et ses amis, le 28 janvier 1918. »

1915 年，白求恩返回多伦多大学学医，1916 年 12 月毕业。

In 1915, Bethune returned to the University of Toronto to complete his medical degree and graduated in December 1916.

En 1915, Bethune entró de nuevo a la escuela de medicina de la Universidad de Toronto. Se graduó en diciembre de 1916.

En 1915, Bethune est rentré à l'Université de Toronto pour continuer ses études de médecine et a reçu un baccalauréat en médecine de l'Université de Toronto en décembre 1916.

白求恩（后排右二）与英国伦敦大奥尔蒙德街儿童医院工作人员合影。

Bethune (second on the right, back row) with staff of the famous Great Ormond Street Children's Hospital in London.

Bethune (segundo a la derecha detrás) con trabajadores del Great Ormond Street Children Hospital en Londres, Gran Bretaña.

Bethune (2e à droite, au deuxième rang) avec le personnel de l'hôpital pour les enfants malades sur la rue Great Ormond.

白求恩工作过的英国伦敦大奥尔蒙德街儿童医院

The famous Great Ormond Street Children's Hospital in London, where Bethune worked

En 1919, Bethune hizo prácticas en el Great Ormond Street Children Hospital en Londres

L'Hôpital pour les enfants malades sur la rue Great Ormond où Bethune a travaillé

1919 年秋，白求恩返回加拿大后在斯特拉特福、英格索尔等地行医。

In the autumn of 1919, Bethune returned to Canada to practice medicine in Stratford, Ingersoll and other regions of Ontario.

En el otoño de 1919, Bethune regresó a Ontario, Canadá, y practicó la medicina en lugares como Stratford e Ingersoll.

En automne de 1919, au retour du Canada, Bethune a établi sa pratique privée à Stratford et à Ingersoll.

le Compleat Aviat...

Th Bethune

1920 年 2 月，白求恩第三次入伍，在加拿大空军任上尉军医。

In February 1920, Bethune joined the armed forces for the third time, serving as a medical officer for the Canadian Air Force.

En febrero de 1920, Bethune se alistó en el ejército por tercera vez. Sirvió como médico capitán en la aviación de Canadá.

En février 1920, Bethune s'est engagé pour la troisième fois dans l'armée et a travaillé en tant que lieutenant au sein du personnel médical de l'aviation canadienne.

战胜肺结核

  1923 年 8 月 13 日，白求恩与英国爱丁堡的弗朗西丝·坎贝尔·彭尼小姐结婚，之后六个月里，两人赴瑞士、意大利、法国、奥地利、德国旅行，并在各国观摩外科名医的示范手术。1924 年初返回加拿大，后去美国明尼苏达州罗切斯特城梅奥诊所进修神经外科。1924 年秋，迁居美国密执安州底特律市，并正式挂牌行医。1926 年，被聘为底特律医学院医药学讲师。

  1926 年夏天，白求恩患上了可怕的肺结核。1926 年 12 月 16 日，住进美国纽约州特鲁多疗养院。为了不拖累年轻的妻子，他忍痛和她分手了。

  在疗养院里，他倔强地拒绝"静养"疗法，坚决要求实行有风险且疗效不太确定的"人工气胸疗法"，居然取得成功，这促使他开始致力于结核病感染问题的研究。

Winning the Battle Against Tuberculosis

Bethune married Frances Campbell Penney from Edinburgh August 13th 1923. Soon after the wedding, the young couple went on a 6-month journey to visit Switzerland, Italy, France, Austria and Germany, observing the surgical demonstrations conducted by famous surgeons in those countries. After they returned to Canada in early 1924, Bethune took a course in neurosurgery at the Mayo Clinic in Rochester, Minnesota USA. He moved to Detroit, Michigan in the autumn of 1924 and officially started medical practice in the USA. In the year 1926, Bethune was formally employed by Detroit Medical College as a lecturer of medicine.

In the summer of 1926, Bethune was diagnosed with the dreadful disease of tuberculosis and moved into Trudeau Sanatorium in New York for treatment on December 16th 1926. In order to avoid encumbering the freedom and happiness of his young wife, Bethune insisted on her divorcing him.

In the Sanatorium, he strongly opposed the rest-cure treatment and insisted on having the risky pneumothorax procedure, the curative effect of which was not completely sure yet. Surprisingly, Bethune's condition improved rapidly, which drew his attention to TB infection research.

Conquistar la tuberculosis pulmonar

El 13 de agosto de 1923, Bethune se casó con la señorita Frances Campbell Penney, originaria de Edimburgo. En los seis meses siguientes, los dos viajaron por Suiza, Italia, Francia y Alemania, y en todos estos países observaron demostraciones de cirugías realizadas por médicos famosos. La pareja regresó a Canadá a principios de 1924, y más tarde ese mismo año, el doctor Bethune fue a perfeccionar sus habilidades en neurocirugía en la Clínica Mayo en la ciudad Rochester, Minnesota, en Estados Unidos. En el otoño de 1924, se trasladó a Detroit, Michigan, donde ejerció su profesión de médico formalmente. Para 1926, Bethune fue contratado como porfesor de medicina por el Colegio de Medicina de Detroit.

En el verano de 1926, Bethune sufrió la terrible tuberculosis. El 16 de diciembre de 1926, fue admitido en el Sanatorio de Trudeau, en Nueva York. Para no ser una carga para su joven esposa, Bethune se separó de ella durante su enfermedad, soportando solo su gran dolor.

En el sanatorio, él se negó tercamente a adoptar la terapia de "reposo absoluto" e insistió en practicar en sí mismo la "terapia neumotórax artificial" con múltiples riegos y resultados inciertos, pero finalmente venció la enfermedad. Esta experiencia hizo que Bethune comenzara a investigar el problema de la infección tuberculosa.

Vaincre la tuberculose

Bethune se maria le 13 août 1923 avec Frances Campbell Penney, originaire d'Edinburgh en Grande-Bretagne. Ils profitèrent de leur lune de miel de six mois en Suisse, en Italie, en France, en Autriche et en Allemagne pour inspecter et apprendre des opérations menées par des chirurgiens célèbres. Le couple rentra au Canada au début de l'année 1924 et Bethune vint à Rochester dans l'État de Minnesota aux États-Unis pour suivre un stage de perfectionnement sur la neurochirurgie organisé par la Clinique Mayo. En automne de 1924, Bethune déménagea à Détroit au Michigan où il ouvrit un cabinet. Il prit également en 1926 un emploi à temps partiel comme enseignant au Collège de médecine et de de de Détroit.

En été de 1926, Bethune contracta la tuberculose, maladie mortelle à cette époque. Il fut hospitalisé le 16 décembre 1926 au sanatorium Trudeau, dans l'État de New York. Afin de ne pas devenir un fardeau pour sa jeune femme. Bethune, tourmenté, divorça avec Frances Campbell Penney.

Persuadé que le pneumothorax artificiel serait utile dans son cas, au sanatorium Trudeau, Bethune refusa opiniâtrement le traitement traditionnel qui était un repos total au lit. Il insista tant auprès des médecins du sanatorium qu'ils acceptèrent de lui appliquer le traitement expérimental et risqué. L'opération fut cependant un succès et c'était cette expérience particulière qui le fit décider dès lors de mettre à profit ses connaissances acquises dans le domaine de la tuberculose.

白求恩与妻子弗朗西丝·坎贝尔·彭尼

Bethune and his wife, Frances Campbell Penney

Bethune con su esposa Frances Campbell Penney

Bethune et sa femme Frances Campbell Penney

弗朗西丝 · 坎贝尔 · 彭尼

Frances Campbell Penney

Señora Frances Campbell Penney

Madame Frances Campbell Penney

白求恩为妻子弗朗西丝画的肖像

A portrait Bethune drew of his wife Frances

Retrato de Frances hecho por Bethune

Un portrait de Frances peint par Bethune

20 世纪 20 年代初的一张全家福。座椅上为白求恩父母，后右一、右二为白求恩与妻子弗朗西丝。

The whole family in the early 1920s. Bethune's parents are sitting in chairs; behind them are Bethune and his wife (the first and second on the right).

Una foto de toda la familia a principios de los años 20 del siglo 20. Los padres de Bethune aparecen sentados en las sillas. Detrás de ellos están Bethune y su esposa (primera y segunda de la derecha).

Une photo de la famille Bethune au début des années 20 Les parents de Bethune assis sur la chaise, Bethune (1er à droite, au deuxième rang) et sa femme Frances (2e à droite, au deuxième rang).

1926 年 12 月，白求恩（左一）因患肺结核入美国纽约州特鲁多疗养院治疗，其间与美国医生约翰·巴韦尔（中）成为亲密朋友。

In December 1926, Bethune (first on the left) was sent to the Trudeau Sanatorium, New York State, for tuberculosis treatment. He became close friends with an American physician, Dr. John Barnwell (in the middle), there.

En diciembre de 1926, Bethune (primero a la derecha) estuvo internado en el famoso sanatorio Trudeau en Saranac Lake, Nueva York, para ser tratado por la tuberculosis. Allí conoció a un médico americano, el Dr. John Barnwell (segundo a la izquierda de Bethune), quien se convertiría en su mejor amigo por el resto de su vida.

En décembre 1926, Bethune (1er à gauche) a contracté la tuberculose et a été hospitalisé au sanatorium Trudeau, dans l'État de New York aux États-Unis. Le médecin américain John Barwell (au centre) est devenu un ami intime de Bethune.

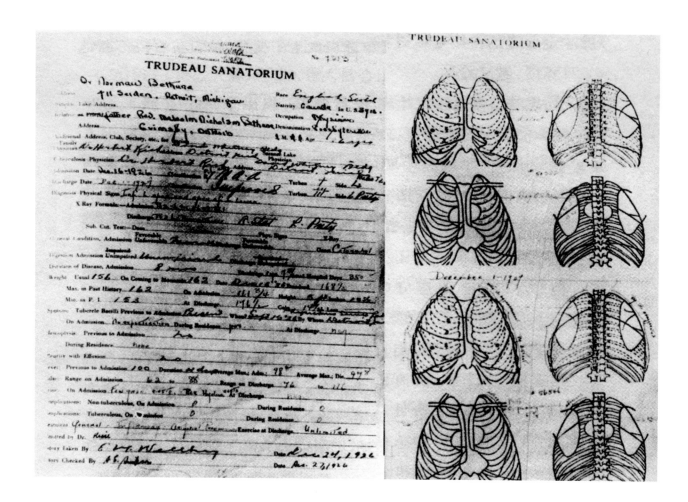

白求恩患肺结核病的治疗记录

A Case History of TB of Norman Bethane

Registros del tratamiento de la tuberculosis de Bethune

Le dossier médical de Bethune sur la tuberculose

1928 年元旦，白求恩（前左二）病愈后在美国纽约州特鲁多疗养院与休养员、医护人员合影。

On January 1ˢᵗ, 1928, Bethune (second on the left, front row) with patients, doctors and nurses in the Trudeau Sanatorium, New York State after his recovery.

El 1 de enero de 1928, Bethune (segundo a la izquierda, fila delantera) con los pacientes, los médicos y las enfermeras en el Sanatorio Trudeau de Nueva York después de su recuperación.

Le 1er janvier 1928, Bethune guéri (au premier rang, 2e à gauche), avec le personnel médical et les patients du sanatorium Trudeau, à New York aux États-Unis.

白求恩康复出院后在自己寓所里

Bethune in his own residence after recovery from tuberculosis

Bethune en su piso después de la rehabitación

Bethune guéri dans son appartement

白求恩在患病期间创作了壁画《一个肺结核患者的历程》（节选）

In Trudean Sanatorium, Bethune drew a mural with accompanying inscriptions, which he called The T·B·'s Progress

Bethune creó un mural titulado "El proceso de un paciente con tuberculosis " durante su enfermedad

Lorsque Bethune a été hospitalisé au sanatorium Trudeau, il a dessiné une fresque nommée « Parcours d'un tuberculeux »

北美名医

　　1928年4月，白求恩返回加拿大蒙特利尔，进入维多利亚皇家医院工作，并成为著名外科医师爱德华·阿奇博尔德大夫的第一助理，之后又出任维多利亚皇家医院外科主任。两年后兼任圣·安娜贝莱佛军医院退伍军人分院肺结核病顾问。在此期间，白求恩研制和革新了三十多种外科器械，并由美国费城皮林公司制造和发售，被命名为"白求恩氏"肋骨剪等。白求恩的名声地位与日俱增，经常被邀请外出会诊、讲学。他的多篇学术论文在欧美医学刊物发表，并应聘在麦吉尔大学兼课。1932年5月，又在美国底特律市赫曼·基弗医院临时主持胸外科部工作，同年当选为美国胸外科学会预备会员。1933年初，就任加拿大蒙特利尔圣心医院胸外科主任，并兼任圣·阿加莎劳伦斯皇家结核病疗养院和综合妇科医院顾问，后又应聘为加拿大联邦和地方政府卫生部门顾问。1935年当选美国胸外科学会正式会员，并成为该学会五人理事会理事。

Gaining Fame in North America

Bethune returned to Montreal, Canada in April 1928 and started working for the Royal Victoria Hospital as the first assistant of a renowned surgeon, Dr. Edward Archibald. Later he was promoted to head of the surgical department of the hospital and was given an additional duty of a medical consultant on tuberculosis at the veterans' branch of a military hospital in Santa Ana two years later. During that period, Bethune had developed and innovated over 30 kinds of surgical instruments and equipment, including the well-known Bethune Rib Shear, all of which were manufactured and released to market by the American Philadelphia Pilling (George P.) and Son Company. With the increasing fame and status, Bethune began to frequently receive invitations to doctors' group consultations and to give lectures. A number of his academic papers were published in authoritative European and American medical journals and he was subsequently employed for teaching by McGill University. In May 1932, Bethune was given the responsibility of temporal stewardship for the department of thoracic surgery of Herman Kiefer Hospital, while at the same time being invited to be the medical consultant for St Agatha Lawrence Royal Tuberculosis Sanatorium and Gynaecology General Hospital. Later, he applied to become the consultant for the health sector of the Canadian federal government. In 1935, Bethune was elected as a full member of the American Association for Thoracic Surgery (AATS) and was invited to join the Association's five-member council as one of the directors.

Médico famoso en América del Norte

En abril de 1928, Bethune volvió a Montreal, Canadá, y entró a trabajar en el Hospital Royal Victoria como el primer asistente del famoso cirujano, doctor William Edward Archibald, y después se desempeñó como director del área de cirugía en este mismo hospital. Dos años más tarde, asumió el cargo de asesor en casos de tuberculosis en el ala para soldados retirados del Hospital Militar de Santa Anna Belle. Durante este período, Bethune investigó e innovó más de 30 herramientas quirúrgicas, incluídas sus famosas "Tijeras de costilla Bethune", fabricadas y vendidas por la compañía Pilling de Filadelfia, Estados Unidos. Con una reputación y un prestigio en ascenso, Bethune recibía cada vez más invitaciones para dar consultas a domicilio y asistir a las conferencias de médicos reputados. Publicó muchos artículos en revistas médicas tanto en Europa como en Estados Unidos, y fue invitado a enseñar en la Universidad McGill. En mayo de 1932, Bethune presidió un trabajo temporal en el Departamento de Cirugía Torácica del Hospital Herman Kiefer de Detroit; ese mismo año fue postulado para convertirse en miembro de la Asociación Torácica de Estados Unidos. A principios de 1933, trabajó como director del Departamento de Cirugía Torácica del Hospital del Sagrado Corazón de Montreal, Canadá, y al mismo tiempo fue asesor del Hospital Integral de la Mujer y del Sanatorio Real de St. Lawrence Agatha para tuberculosis, más tarde fue contratado como consultor del Departamento de Salud del gobierno federal y local de Canadá. En 1935 fue elegido miembro oficial de la Asociación Torácica de Estados Unidos como uno de los cincos miembros del Comité de cinco personas de la Asociación.

Un médecin de renommée en Amérique du Nord

En avril 1928, Bethune rentra à Montréal pour travailler à l'hôpital Royal Victoria. Il devint le premier assistant d'un éminent chirurgien de cet hôpital, le docteur Edward William Archibald. Bethune prit plus tard le poste de directeur du Département de chirurgie de l'hôpital Royal Victoria et fut employé, deux années plus tard en tant que conseiller en tuberculose par l'hôpital Sainte-Anne-de-Bellevue. Pendant les années où il travailla dans ces deux hôpitaux, il inventa ou redessina une trentaine d'instruments chirurgicaux, dont des sécateurs de côte Bethune, qui furent fabriqués et vendus par George P. Pilling & Son Company, basé à Philadelphia aux États-Unis. Tous ses travaux lui valurent une réputation de plus en plus grande, et il fut souvent invité à donner des conférences ou à participer à des consultations conjointes. Beaucoup de ses thèses furent publiées dans des revues médicales européennes et américaines et il enseigna également des cours à Université McGill. En mai 1932, il dirigea temporairement le Département de chirurgie thoracique de l'hôpital Herman Kiefer de Détroit aux États-Unis et devint cette année membre probatoire de l'Association américaine pour la chirurgie thoracique (American Association for Thoracic Surgery), société qui lui décerna le titre de membre officiel et l'élut à son conseil trois ans plus tard, soit en 1935. Au début de l'année 1933, Bethune trouva un nouveau poste à l'hôpital du Sacré-Cœur de Montréal, comme chef du service de chirurgie pulmonaire et il se chargea également du poste de conseiller du Sanatorium royal de la tuberculose St Agatha Lawrence et de l'Hôpital général de gynécologie. Il fut employé plus tard en qualité de conseiller par la Confédération canadienne et les autorités sanitaires locales.

1928年—1932年，白求恩工作在加拿大魁北克省蒙特利尔维多利亚皇家医院。

From 1928 to 1932, Bethune worked at the Royal Victoria Hospital, Montreal, Quebec, Canada.

De 1928 a 1932, Bethune trabajó en el Hospital Royal Victoria, Montreal, Quebec, Canadá durante casi cinco años.

En 1928-1932, Bethune a travaillé à l'hôpital Royal Victoria, à Montréal au Canada.

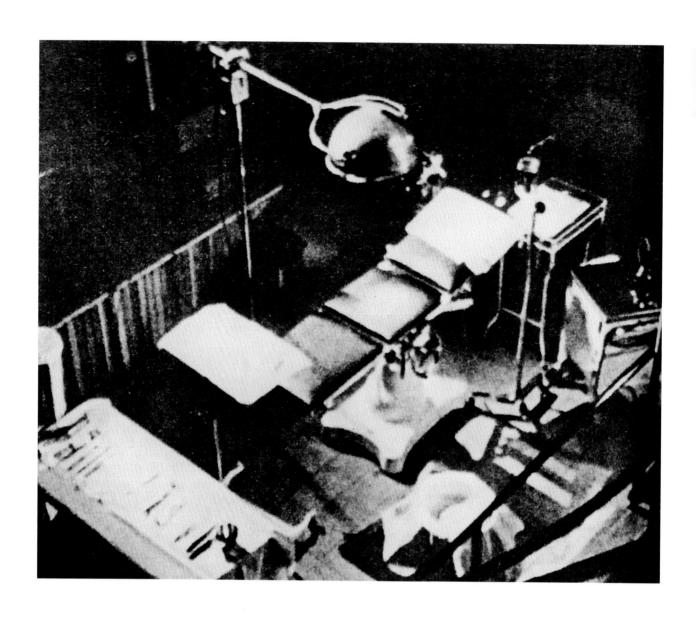

白求恩工作过的地方——蒙特利尔维多利亚皇家医院手术室。

An operating room in the Royal Victoria Hospital, Montreal, where Bethune worked.

Sala de operaciones del Hospital Royal Victoria, Montreal, Quebec, Canadá.

Une salle d'opération de l'hôpital Royal Victoria, à Montréal.

白求恩在手术室工作

Bethune working in the operating room

Bethune trabajando en la sala de operaciones

Bethune travaillant dans une salle d'opération

加拿大魁北克省蒙特利尔市维多利亚皇家医院鸟瞰

A bird's eye view of the Royal Victoria Hospital, Montreal, Quebec, Canada

Panorama del Hospital Royal Victoria, Montreal, Quebec, Canadá

La vue panoramique de l'hôpital Royal Victoria, à Montréal, au Québec du Canada

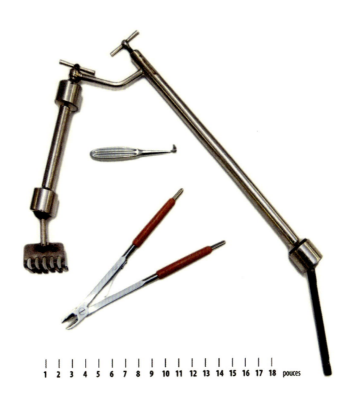

白求恩革新和发明的医疗器械

Medical instruments Bethune renovated and invented

Instrumentos quirúrgicos inventado por Bethune

Des instruments médicaux inventés et innovés par Bethune

白求恩作品目录

《用活治疗蛆慢性胸积脓症一例》
载《加拿大医学会学报》第 32 卷（1935 年 3 月），第 301 ~ 302 页。

《棉籽油逐步消除人工气胸中的应用》
载《美国肺结核评论》第 26 卷（1923 年 12 月），第 763 ~ 770 页。

《肺和胸膜肺结核和非肺结核化脓损伤的活蛆和尿囊素疗法——八例报告》
载《胸外科》第 5 卷（1936 年 2 月），第 32 ~ 39 页。

《气泵与人工气胸仪器的新组合》
载加拿大医学会学报第 20 卷（1929 年 6 月），第 663 页。

《关于肺部螺旋体病的细菌诊断》
载加拿大医学会学报第 20 卷（1929 年 4 月），第 265—268 页。

《一条隔神经切断术项链》
载《加拿大医学会学报》第 26 卷（1932 年 9 月），第 319 ~ 32l 页。

《呼吁肺结核患者尽早实施压缩治疗》
载《加拿大医学会学报》第 27 卷（1932 年 7 月），第 36 ~ 42 页。

《胸膜施粉法——作为叶片切除准备的胸膜人工强连新技术》
载《胸外科》第 4 卷（1935 年 2 月），第 251 ~ 261 页。

《用银夹防止胸膜间黏连分离中出血的方法暨透视诊断法的按语》
载《胸外科》第 2 卷（1933 年 2 月），第 302 ~ 306 页。

《注射碘化油的一些新的器械——油枪、套管与镜子的组合》
载加拿大医学会学报第 20 卷（1929 年 3 月），第 286 ~ 288 页。

《一些新的胸外科器械》
载《加拿大医学会学报》第 35 卷（1936 年 12 月），第 656 ~ 662 页。

《普通医生的支气管造影术》
载《加拿大医学会学报》第 21 卷（1929 年 12 月），第 662 ~ 667 页。
与 D·T· 史密斯和 J·L· 威尔逊合作：《白鼠原发性肺病的病源学》，载《细菌学》第 20 卷（1930 年 11 月），第 361 ~ 370 页。

与 W·默佛特合作：《以黑曲霉做试验性的肺部曲霉素——把这种真菌施加于最初的肺结核》，载《胸外科》第 3 卷（1933 年 10 月），第 86 ~ 98 页。

白求恩发表的部分学术论文清单

Medical papers writlen by Bethune

El catálogo parcial de tratados académicos escritos por Bethune.

Des thèses médicales rédigées par Bethune

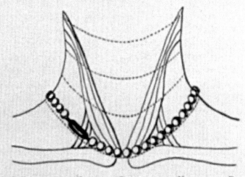

in the same hands, the transverse scar will show slight variations of position from patient to patient: here, a little too far out; here, a trifle

FIG. 1. DIAGRAMMATIC SKETCH OF PHRENICECTOMY NECKLACE IN POSITION
The lower end of the bar rests on the edge of the clavicular head of the sternomastoid muscle. The scalene muscle (not shown) should be felt below.

too low; here, a half-inch too high; and in others, a trifle too long. Now the ideal scar should run neither transversely nor vertically, but obliquely

白求恩于 1932 年发表学术文章《一条膈神经切断术项链》，描述了为好莱坞影星芮奈·阿道勒手术，同时找到遮挡疤痕的办法。

Bethune published an academic article, A Phrenic Neurectomy Necklace, in 1932, describing an operation performed for Hollywood actress Renee Adoree and how he found a way to hide the surgical scar.

En el artículo - Un Collar de neurectomía frénica - publicado en 1932, Bethune describió una operación para la actriz de Hollywood Renee Adoree. Durante la operación, encontró la manera de ocultar la cicatriz quirúrgica.

En 1932, Bethune a publié un article « Un collier de neurectomie phrénique », décrivant une opération pour la vedette d'Hollywood Renee Adoree et des méthodes pour cacher la cicatrice chirurgicale.

白求恩（右一）与朋友在一起。

Bethune (first on the right) with friends.

Bethune (primero a la derecha) con sus amigos.

Bethune (1er à droite) avec ses amis.

1933 年 1 月，白求恩就任蒙特利尔市北卡第维圣心医院胸外科主任。图为圣心医院外景。

In January 1933, Bethune was appointed as Chief of Thoracic Surgery at Sacré-Coeur Hospital in Cartierville near Montreal.

En enero de 1933, Bethune fue designado Jefe de Cirugía Pulmonar y Broncoscopio en el Hospital Sacre Coeur en Cartierville, cerca de Montreal. Panorámica del hospital.

En février 1933, Bethune a travaillé en tant que chef du département de chirurgie thoracique à l'hôpital du Sacré-Cœur de Cartierville, de Montréal. La vue panoramique de l'hôpital Sacré-Cœur.

中年时期的诺尔曼·白求恩

Middle aged Norman Bethune

Norman Bethune en su edad adulta

Norman Bethune d'un âge moyen

L'union de la foi et de l'amour

Attachant toujours une grande attention aux gens défavorisés, Bethune, ayant une réputation internationale, donna un discours à l'Association des progrès de Montréal du Canada en déclarant que le gouvernement devrait financer le travail de prévention et de traitement de la tuberculose. Il ouvrit un cabinet dans la banlieue de Montréal et chaque samedi, il offrit des consultations et des traitements gratuits.

Mais ses actions bénévoles ne pouvaient pas changer la situation réelle de la société. À cet égard, il profita de toutes les occasions possibles pour critiquer d'une part les défauts du système médical actuel, et pour appeler, d'autre part, ses confères à rendre service volontairement aux patients pauvres. Il déclara « Unissez-vous, les médecins ! Formez une association du personnel médical. Allez dans les régions défavorisés, dans les régions où le besoin se fait sentir le plus ».

En août 1935, Bethune profita de son séjour à Léningrad, à l'occasion d'un Congrès international de physiologie, pour visiter des hôpitaux russes, des sanatoriums et des centres de santé pour des femmes. Fortement impressionné par le résultat remarquable du travail de prévention de la tuberculose en Union des républiques socialistes soviétiques, Bethune se rendit compte profondément de la responsabilité qui incombait au gouvernement dans la cause de soins médicaux, ce qui exerça un impact profond sur sa conviction politique.

Après son retour au Canada, Bethune commença à s'approcher du Parti communiste du Canada et à participer aux activités organisées par le Parti communiste du Québec. Le 20 octobre 1935, il prononça un discours sur sa visite en URSS en faisant l'éloge du système de soins médicaux soviétique à l'occasion d'un rassemblement organisé par l'association Amis de l'Union des républiques socialistes soviétiques à Montréal.

En novembre 1935, Bethune devint un communiste engagé et rejoignit le Parti communiste du Canada. Pendant le printemps de l'année dernière, il établit le Groupe montréalais pour la protection de la santé publique et assuma la fonction de directeur.

Bethune profita après de toutes les occasions pour promouvoir le système de médecine socialisée. En février 1936, il vint à Memphis, dans l'État de Tennessee aux États-Unis pour participer à l'Assemblée médicale du Centre et du Sud des États-Unis. Et même quand présenta un papier sur l'anesthésie lors de cette conférence, il n'oublia pas de préconiser le système de médecine socialisée. En avril de cette année, au cours d'une conférence sur la chirurgie tenue à Montréal, Bethune donna une allocution intitulée « Éliminer tout profit personnel provenant de la cause médicale », dans laquelle il souligna que « Dans le système capitaliste qui vise à trouver toute sorte de façon pour gagner de l'argent, les soins médicaux deviennent un secteur typique. Et cela montre des phénomènes intéressants mais déplaisants qui peuvent être résumés en ces mots : bien que la médecine soit très avancée, la santé n'en est pas assurée pour autant ». Il déclara également que « Tout gouvernement doit se donner comme première responsabilité, comme premier devoir envers ses citoyens de protéger la santé des personne. Réaliser la médecine socialisée, c'est la résolution réaliste pour résoudre ce problème. La médecine socialisée signifie que les soins médicaux font partie de la cause d'intérêt général, comme la poste, l'armée, la marine, les institutions juridiques et les écoles ».

En outre, le secteur des soins médicaux n'était pas le seul domaine où Bethune manifesta son amour pour l'humanité. Polyvalent, Bethune s'adonna aussi, dans ses temps libres, à la peinture et à la littérature. Son tableau, « Night operating theatre », fut exposé à Montréal. En été de 1936, Bethune organisa un atelier désigné sous le nom de Centre d'art des enfants, dans un studio aménagé de son appartement à Montréal, pour apprendre aux enfants à faire de la peinture.

1935 年 11 月，白求恩在蒙特利尔市加入加拿大共产党。

In November 1935, Bethune joined the Canadian Communist Party in Montreal.

En noviembre de 1935, Bethune se unió al Partido Comunista de Canadá en Montreal.

En novembre 1935, Bethune a adhéré au Parti communiste du Canada à Montréal.

ANESTHETISTS HEAR DR. NORMAN BETHUNE

Surgeon Discusses New Method At Convention Here

Intravenous evipal anesthesia, developed in Germany five years ago, is the most pleasant anesthetic for thoracic surgery, Dr. Norman Bethune, chief surgeon of the Sacred Heart Hospital at Montreal, told the Mid-South Post Graduate Nurse Anesthetists' Assembly in convention session yesterday.

"The fast induction of the dissolved white crystals in the veins makes the anesthesia especially effective with fractures, dislocations, abdominal operations and amputations," he said. "If a patient begins to count when the anesthetic is being given, he will be asleep before he can count to 15 at a moderate speed."

The effects of the anesthesia wears off in a half hour, according to Dr. Bethune, and there is no masking, no struggling and no ill effects afterwards.

Other speakers on yesterday's program were Miss Emma Easterling, Vicksburg, Miss., who spoke on "Preparation of the Patient for Anesthesia"; Dr. Gilbert J. Thomas, Minneapolis, "Choice of Anesthetics in Surgery for Kidney and Prostatic Diseases"; Dr. Frederick A. Coller, Ann Harbor, Mich., "Water Losses by Surgical Patients in Relation to the Anesthetist"; Miss Blanche G. Petty, Little Rock, "The Patient's Viewpoint"; Dr. R. H. Jaffe, Chicago, "The Anemias with Special Reference to Their Significance in Anesthesia"; and Dr. C. R. Crutchfield, Nashville, "Spinal Anesthesia."

Mrs. Jennie Houser, chief anesthetist at the General Hospital, was named president of the Tennessee State Anesthetists' Association early last night to succeed Mrs. Louise Gilbertson, of Memphis. Mrs. Gertrude Alexander Troster, with the Crisler Clinic was elected vice president; and Jean O'Brien, of Campbell's Clinic, secretary-treasurer. The directors, all of Memphis, are Jewel Fink, Eleanor Burkhead, Irene Dixon, Pauline McClelland, Alice Little, Mrs. Lucy Gaffney, Bessie Caldwell and Grace Skinner.

Today's session will be featured by the election of officers of the Mid-South Assembly of Anesthetists, and addresses by Miss Grace Skinner, Memphis; Mrs. Gertrude Alexander Troster, Memphis; Miss Margaret A. Price, New Orleans; Dr. Claude S. Beck, Cleveland; and Dr. C. R. Straatsma, New York. Sessions are held at the Peabody.

UNPAID TAX STATUS

(Continued From Page One)

killed the authority by which the tax was impounded and hence released the grower from any tax which had accumulated.

"Frees It," Says Author

Senator Russell of Georgia

Surgeon Startles Medical Assembly

Dr. Norman Bethune, the Montreal surgeon who startled the Mid-South Medical Assembly with his proposed socialized medicine, is shown on the left. Next to him, from left to right, are Dr. C. H. Sanford, Memphis, chairman the program committee; Dr. C. R. Crutchfie Nashville, incoming president, and Dr. H. K Wade, Hot Springs, retiring president.

SURGEON ADVOCATES

(Continued on Page Three)

operation because we have hundreds who can not pay anything. If medicine was socialized as it is in Russia, the doctors could be paid by a tax on everyone. They would receive salaries commensurate with their ability, as officers in the army and navy. True, we never would make much money, but persons should not enter the profession to get rich."

Dr. Bethune pleaded for a re-examination by medical men of their position under the present economic system.

Elementary Obligation

"There is little hope for a great improvement of the health of the people until the practice of medicine is liberated from its debasing aspects of private profit and taken as an elementary obligation of the state," he said.

He said that the government was "exploiting the medical profession by its non or reduced payments in taking care of the chronic unemployed or unemployable," and asked that the profession become more politically minded in realizing the inseparability of health and economic security.

"Let us abandon our so-called splendid scientific isolation and grasp the realities of the present social crisis. A change is coming and already the craft of Aesculapius is beginning to feel beneath it the great surge and movement of the

Ickes Refuses to Pose With Talmadge

SPRINGFIELD, Ill., Feb. 12.—Photographers seeking to make a picture of Secretary Ickes and Governor Talmadge shaking hands at Abraham Lincoln's tomb fared 50 per cent today.

Talmadge, critic of the New Deal, agreed to pose with the Roosevelt cabinet member, but Ickes replied emphatically:

"I will not."

only right in one out of three. He termed the tuberculin test as "old stuff."

"with a fluoroscope I can tell in 60 seconds whether a person has tuberculosis," he said. It is an X-ray device with which a physician can detect lung cavities without the necessity of a photograph.

Dr. Bethune admits that his scheme for fighting tuberculosis would require a large sum. "But think of the money being spent on the dole and many of those on relief have tuberculosis. The lower you go in the social scale the more tuberculosis you will find. The disease now is costing this country $300,000,000 a year."

Proposes a Clinic

For Memphis, he would have a clinic with equipment costing $13,500; $48,000 more a year for technicians' salaries and supplies; sanatoriums with 2,000 beds, $5,200,000; yearly cost for an estimated 2,500 patients, $1,778,500, plus $90,000 a year for their dependents. "At least

FOUR ESCAPE DEATH AS PLANE CRASH

Desert Wind Forces Down In New Mexico

ALBUQUERQUE, N. M., Fe —(AP)—A private cabin bi caught in a stiff desert wind demolished today in a forced ing in which the four occu were shaken and injured, one cally.

A veteran New Mexico flier it was a "miracle" B. C. Sk owner and pilot, and his companions were not killed, feted by the wind over Ench Mesa 50 miles west of Albuque they landed at Acomita.

Miss Vivien Skinner, 22-yea daughter of the pilot, Dur Fla., manufacturing company cial, suffered internal injuries fractures. L. B. Keller, 34, ployed by Skinner, and his Miss Beatrice Keller, 22, and t lot were badly shaken and br

They were flown here by M D. Smith, division superintende the Transcontinental and We Air Line, after an emergency call from the Acomita field, were taken to a hospital.

"We struck a bad squall Acoma (famous 'sky city' of th eblo Indian tribe)," Skinner

1936 年 2 月，白求恩（左一）赴美国田纳西州孟菲斯城讲学，在美国中南部医学大会上发表了关于推动社会化医疗的见解。这是当年孟菲斯《商业论坛报》所作的报道，题目是《外科医生的言论震惊了医疗界》。

In February 1936, Bethune (first on the left) gave a lecture in Memphis, Tennessee USA. He announced his proposal about socialized medicine at the Mid-South Medical Conference. This is the report written about it by the Commercial Tribune of Memphis.The title is "Surgeon Startles Medical Assembly".

En febrero de 1936, la disertación de Bethune en Memphis Tennessee, Estados Unidos, causó gran revuelo en la Asamblea Médica Centro-Sur de Estados Unidos por su propuesta de medicina socializada. Esta es la imagen y el informe registrados en "The Commercial Appeal, Memphis". El primero de la izquierda es Bethune.

En février 1936, Bethune (1er à gauche) a donné un discours sur la promotion de la médecine socialisée à Memphis, dans l'État de Tennessee aux États-Unis lors de l'Assemblée médicale du Centre et du Sud des États-Unis. Le reportage fait par le journal « The Commercial Appeal », Memphis. Le titre de cette nouvelle est « Un chirurgien surprend l'Assemblée médicale ».

1936 年，白求恩在赴西班牙参加反法西斯战争的前几天，参观画家查理·卡姆福特在多伦多的工作间，写下他的墓志铭：生为资产阶级分子，死为共产主义者。

In 1936, before going to Spain to join the Anti-fascist War, Bethune paid a visit to the studio of painter Charley Conmfust in Toronto and wrote an epitaph: Born a bourgeois, died a communist.

En 1936, antes de ir a España para participar en la guerra anti-facista, Bethune visitó el estudio del pintor Charley Conmfust en Toronto y escribió estas palabras: "Nacido burgués, murió como comunista."

En 1936, quelques jours avant son départ en Espagne pour participer à la guerre anti-fasciste, Bethune a visité l'atelier du peintre Charley Conmfust à Toronto et a écrit son dicton célèbre : « Né comme un bourgeois, mort comme un communiste ».

白求恩在蒙特利尔市公寓一角

A corner of Bethune's residence in Montreal

Piso de Bethune en la ciudad de Montreal

L'appartement de Bethune à Montréal

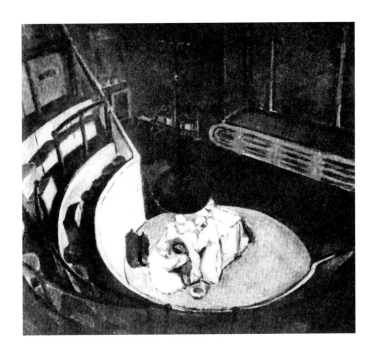

白求恩创作的油画《手术室之夜》，曾在 1935 年蒙特利尔市春季展览会上展出。

Bethune's oil painting, A Night In the Operating Room, was displayed in the 1935 spring exhibition of Montreal.

Óleo hecho por Bethune "Noche en la sala de operaciones," fue exhibido en la feria de primavera de Montreal en 1935.

Le tableau « Nuit de l'opération théatre» créé par Bethune a été exposé en 1935 lors de l'exposition printanière de Montréal.

◀ 白求恩在自己公寓创办了儿童创新艺术中心。一些孩子的画作曾在巴黎获奖。

Bethune opened a Creative Art Centre for Children in his own apartment. Some of the children's works won awards in Paris.

Bethune organizó un centro de inovación de arte para niños en su propio piso. Algunas pinturas de los niños ganaron premios en Paris.

Bethune a organisé un atelier désigné sous le nom de Centre d'art des enfants, dans un studio aménagé de son appartement à Montréal. Certaines peintures créées par les enfants ont été primées à Paris.

白求恩自画像

A self-portrait of Norman Bethune

Autorretrato de Bethune

Un autoportrait de Bethune

白求恩自画像，创作于 1934 年。

A self-portrait of Norman Bethune, drawn in 1934.

Autorretrato de Bethune, en 1934.

Un autoportrait de Bethune, créé en 1934.

在马德里前线

    1936 年 7 月 18 日，西班牙法西斯军人佛朗哥发动了反对共和政府的武装叛乱，得到德意法西斯强力支持。与此同时，国际上五十四个国家的进步力量组成国际纵队，与西班牙人民并肩作战。10 月 24 日，以白求恩为队长的加拿大援助西班牙医疗队，从魁北克登上"不列颠女皇"号轮船，驶向大西洋彼岸，奔赴西班牙前线。

    白求恩在前线发现，很多伤员由于得不到及时输血，死于送往医疗点的途中。他果断决定建立流动输血服务站，把血直接送到前线去。得到西班牙共和军卫生组织支持后，加拿大输血服务站宣告成立，地点设在马德里普林西帕·德·维卡拉大街 36 号。随后，通过电台、报纸发布消息，号召人们为支援反法西斯战争自愿献血。很快，第一批数百名志愿者献了血。1936 年 12 月下旬，输血服务站开始为马德里附近六十多家医院提供血液。在马德里前线战斗最激烈的地方，常常可以看到白求恩和他的助手开着那辆由他改造的雷诺牌流动输血车，每天输血高达一百多人次。实践证明，这项工作远远超过了一般医疗工作的意义。

    白求恩的输血服务站成为战地救护的重要手段。虽然它不能扭转战场形势，但人们不会忘记，白求恩曾以此为西班牙人民的反法西斯战争做出了卓越贡献。

On the Front Line in Madrid

On July 18th 1936, Spanish fascist general F. Franco declared an armed rebellion against the republican government, which was strongly supported by German and Italian fascists. Meanwhile, progressive forces from 54 countries worldwide had formed an international brigade to fight shoulder to shoulder with the Spanish people. As the leader of Canadian Medical Team to Aid Spanish Democracy, Bethune boarded the ship *British Empress* from Quebec on October 24th to head to the Spanish front line at the other side of the Atlantic.

Due to lack of timely blood transfusion, many injured soldiers regretfully died half way through the journey to the medical aid camp. Having observed this, Bethune immediately decided to form a mobile transfusion service unit to send blood directly to the front line. With support from the Spanish Republican Health Organization, the Canadian transfusion service unit was launched. This was located at No. 36 Principe de Vergara Street in Madrid. Through radio broadcasting and newspapers, Bethune called out for volunteer blood donation from all who had a heart to support antifascism. Soon afterwards, the service unit received the first group of blood donations from volunteers. In late December 1936, the transfusion service unit started to supply blood for over 60 hospitals near Madrid and Bethune himself was frequently spotted driving a self-modified Renault transfusion vehicle with his assistant near the most intensive combat zone, providing over 100 cases of blood for transfusion every day. Time has proved that this specific invention is far more significant than any other general medical innovation.

Bethune's mobile transfusion service unit became critically important in the field ambulance service. Though the mobile service unit cannot dictate the result of a war, people will forever remember the extraordinary contribution Bethune made through it for the Spanish anti-fascisf war.

Ir al frente de Madrid

El 18 de julio de 1936, el militar fascista español Francisco Franco lanzó una rebelión armada contra el gobierno republicano y logró el fuerte apoyo de fascistas alemanes e italianos. Al mismo tiempo, las fuerzas progresistas de 54 países formaron las Brigadas Internacionales luchando codo con codo con el pueblo de España. El 24 de octubre, la Unión Médica de Canadá, salió rumbo a España a bordo del barco "British Empress".

En el frente, Bethune descubrió que muchos heridos murieron a mitad del camino rumbo al centro de tratamiento por falta de una transfusión de sangre oportuna. Él decidió resueltamente establecer la estación de servicio móvil de transfusión de sangre, enviando la sangre directamente al frente. Después de conseguir el apoyo de la organización de sanidad del ejército republicano de España, se fundó la estación de servicio de transfusión de sangre de Canadá con sede en el número 36 de la Calle Príncipe de Vergara de Madrid. Posteriormente, Bethune llamó a la gente a donar sangre voluntariamente a través de la radio y los diarios locales, para apoyar a la guerra contra el fascismo. Muy pronto, el primer conjunto de cientos de voluntarios respondieron a su llamado. A finales de diciembre de 1936, la estación de servicio de transfusión sanguinea empezó a ofrecer sangre para los más de 60 hospitales alrededor de Madrid. En los lugares con batallas más intensas en el frente de Madrid, se podía ver a menudo a Bethune y su ayudante conduciendo su coche transformado un unidad móvil de transfusión de sangre con marca Renault, realizando transfusiones a más de 100 personas diariamente. La práctica demostró que este trabajo era tan importante como el trabrajo médico general.

La estación de servicio de transfusión de sangre de Bethune se había convertido en una ambulancia muy importante en el campo de batalla. Aunque la cruenta batalla siguió adelante, la gente nunca olvidará la contribución sobresaliente hecha por Bethune en la guerra del pueblo de España contra el fascismo.

Sur la ligne de front à Madrid

Le 18 juillet 1936, le général fasciste espagnol Francisco Bahamonde Franco tenta un coup d'État militaire contre le gouvernement de la Seconde République espagnole, qui fut soutenu par les forces fascistes allemandes et italiennes. Dans le même temps, les forces de progrès venues de 54 pays internationaux formèrent les Brigades internationales pour se battre aux côtés des Républicains contre les rebelles nationalistes. Le 24 octobre, Bethune s'embarqua à bord du paquebot British Empress en direction de l'Espagne, en tant que chef d'une équipe médicale sous l'égide d'un organisme canadien Committee to Aid Spanish Democracy.

À peine arrivé en Espagne, Bethune alla directement au front et se lança dans l'action. Il découvrit que beaucoup de décès étaient dus aux pertes de sang, subies par les blessés entre le front et l'hôpital de base, c'est pour cette raison qu'il décida de mettre ainsi sur pied une banque de sang près du front et d'organiser un service mobile de transfusion sanguine pour transporter du sang directement au front. Soutenu par les autorités sanitaires des Républicains, le Service canadien de transfusion sanguine (Servicio Canadiense de Transfusion de Sangrea) fut établi à Madrid, dont son siège se trouvait sur l'Avenue 36 Príncipe de Vergara. Par la suite, ce centre appela, par le biais des radios et des journaux, le peuple à faire don du sang pour soutenir la guerre anti-fasciste. Le premier groupe d'une centaine de personnes se portèrent volontaires très rapidement. Lors de la dernière décade du mois de décembre de 1936, le centre commença déjà à fournir du sang pour plus de 60 hôpitaux à Madrid. Sur la ligne de front la plus sanglante à Madrid, Norman Bethune et sa petite équipe médicale firent déjà jusqu'à 100 transfusions sanguines par jour avec sa camionnette de Renault équipée pour les transfusions sanguines. L'histoire mit en lumière l'importance de ce travail qui était beaucoup plus considérable que celle des autres pratiques médicales générales.

Le service mobile de transfusion sanguine initié et organisé par Bethune, devint une méthode importante pour le traitement médical sur le champ de bataille. Bien que ce faisant ne puisse pas renverser la situation sur le théâtre d'opérations, mais le peuple ne pourrait jamais oublier la contribution éminente que Norman Bethune fit à la guerre anti-fasciste espagnole.

1936 年 10 月，白求恩从加拿大魁北克城乘 "不列颠女皇号" 邮轮奔赴西班牙参加反法西斯斗争。

In October 1936, Bethune took the ship *British Empress* from Quebec to Spain to join the Spanish Anti-Fascist War.

En octubre de 1936, Bethune tomó el crucero British Empress en la ciudad de Quebec, Canadá hacia España para participar la lucha antifascista.

En octobre 1936, pour soutenir la guerre d'Espagne, Bethune s'est embarqué à bord du paquebot British Empress à Québec, au Canada en direction de l'Espagne.

1936 年 11 月，白求恩（右一）一行抵达西班牙马德里。

In November 1936, Bethune (first on the right) and his colleagues arrived in Madrid, Spain.

En noviembre de 1936, Bethune (el primero a la derecha) llegó a Madrid.

Bethune (1er à droite) est arrivé à Madrid de l'Espagne, en novembre 1936.

▶ 白求恩在西班牙担任加拿大医疗队队长

Bethune working as the leader of the Canadian Medical Team in Spain

Bethune fue el líder del Equipo Médico Voluntario de Canadá en España

Bethune, chef de l'équipe médicale canadienne en Espagne

1936 年 12 月 12 日，白求恩（右）与战友索伦森在巴黎、伦敦购置医疗器材后，返回马德里。

On December 12th 1936, Bethune (right) returned to Madrid with fellow comrade Sorensen after purchasing medical instruments in Paris and London.

12 de diciembre de 1936. Bethune (derecha) y su compañero Soresen regresan a Madrid después de comprar equipos médicos en Paris y Londres.

Le 12 décembre 1936, Bethune (à droite) et son frère d'armes Sorenson sont rentrés à Madrid après avoir acheté des instruments médicaux à Paris et à Londres.

1936 年 12 月中旬，加拿大输血服务站宣告成立，白求恩（右一）与战友们在输血车前。

In mid-December 1936, the Canadian blood transfusion service unit was set up in Spain. The photo shows Bethune (first on the right) with colleaques next to the blood transfusion vehicle.

A mediados de diciembre de 1936, se estableció la estación de transfusión sanguínea de Canadá. Bethune (primero a la derecha) y sus camaradas frente al coche de transfusión.

Au milieu du mois de décembre 1936, le Service canadien de transfusion sanguine a été établi. Bethune (1er à droit) et des compagnons d'armes devant un camion de transfusion sanguine.

白求恩在输血车前

Bethune in front of a blood transfusion vehicle

Bethune delante del coche de transfusión sanguínea

Dr Norman Bethune au côté d'une camionnette équipée pour les transfusions sanguines

白求恩发明的流动输血车内部设施

Internal facilities invented by Bethune for the blood transfusion vehicle

El interior del vehículo de transfusión sanguínea inventado por Bethune

L'intérieur de la camionnette de transfusion sanguine inventée par Bethune

白求恩（右一）和战友们在输血车旁

Bethune (first on the right) and his comrades-in-arms beside the blood transfusion vehicle

Bethune (primero a la derecha) y sus compañeros al lado del vehículo de transfusión

Bethune (1er à droite) et ses frères d'armes au côté de la camionnette de transfusion sanguine

白求恩（右四）等聚集在流动输血车旁，准备开赴前线。

Bethune (fourth on the right) and colleagues standing beside the vehicle, ready to drive to the front line.

Bethune (cuatro a la derecha) y otros se reúnen al lado del vehículo rumbo al frente de batalla.

Bethune (4e à droite) au côté de la camionnette de transfusion sanguine et prêt à se diriger vers la ligne de front.

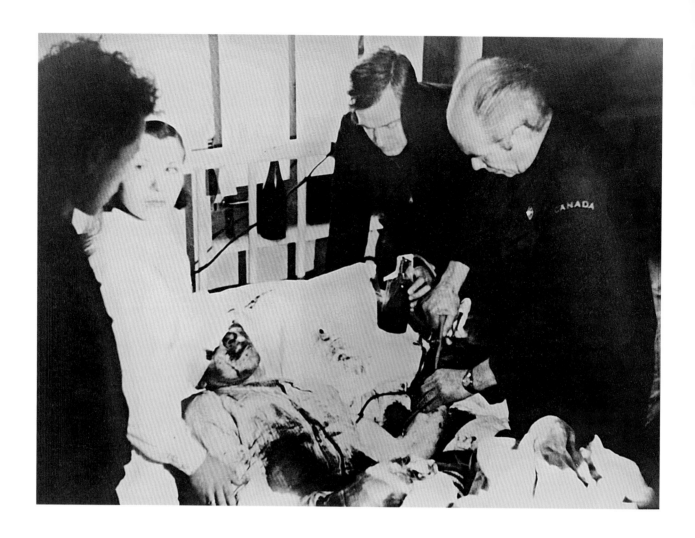

白求恩（右一）奔波于马德里、巴塞罗那、阿尔梅里亚和马拉加前线之间为伤员输血。

Bethune (first on the right) was busy travelling about between Madrid, Barcelona, Almeria and Malaga to provide blood transfusion to the wounded at the front.

Bethune (primero a la derecha) corre entre los frentes de Madrid, Barcelona, Almería y Málaga para transfundir sangre a los heridos.

Bethune (1er à droite) a effectué des transfusions sanguines pour des blessés à Madrid, à Barcelone, à Alméria et sur la ligne de front à Malaga.

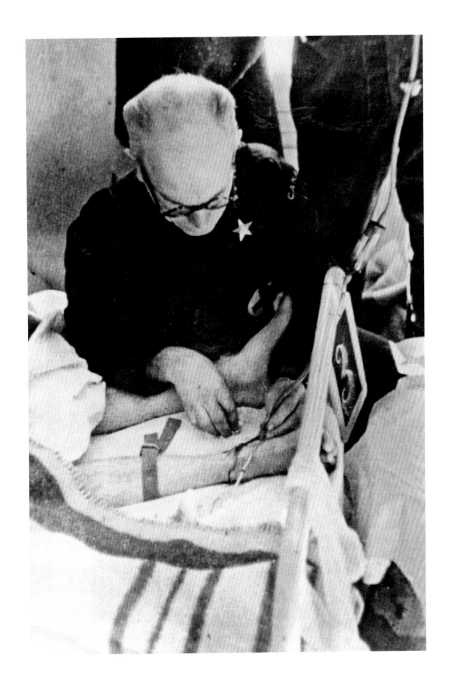

白求恩为伤员输血

Bethune doing blood transfusion for the wounded

Bethune está efectuando transfusión de sangre a un herido

Bethune effectuant une transfusion sanguine pour un blessé

白求恩与献血者交谈

Bethune talking with blood donors

Bethune habla con un donante de sangre

Bethune causant avec un donneur de sang

白求恩（左）在西班牙与战友在一起。

Bethune (left) with his comrades-in-arms.

Bethune (izquierda) con compañeros.

Bethune (à gauche) avec ses compagnons d'armes.

1937年4月，在西班牙瓜达拉哈拉战役中，白求恩亲自驾车赴火线参加救治，途中险遭不幸。这是脱险后次日的现场。

In the battle of Guadalajara in Spain in April 1937, Bethune drove to the battle line to provide field rescue. He was almost killed on the way to the battlefield. This photo was taken on the next day of the scene where he had made the narrow escape.

En la batalla de Guadalajara, España, en abril de 1937, Bethune condujo un coche hacia el frente para ofrecer tratamiento a los heridos, pero sufrió un accidente en el camino. Este es la escena un día después del accidente.

En avril 1937, Bethune a conduit son véhicule vers la ligne de front de Guadalajara pour soigner les blessés et a failli être attaqué. Le lieu du drame au lendemain de l'attaque.

▶ 白求恩在坠落的德国飞机旁

Bethune beside the wreckage of a German plane

Bethune al lado del avión caído de Alemania

Bethune près d'un avion écrasé allemand

白求恩（右侧身者）和西班牙国际纵队的战友们。

Bethune (standing sideways on the right) and his comrades-in-arms of the Spanish International Brigade.

Bethune (a la derecha, de pie, de costado) y sus compañeros de armas de la Brigada Internacional de España.

Bethune (tourné à droite) avec des compagnons d'armes des Brigades internationales en Espagne.

白求恩与西班牙前线的官兵在一起

Bethune with the Spanish officers and soldiers at the front line

Bethune con los oficiales y soldados en el frente en España

Bethune avec des soldats de l'armée espagnole sur la ligne de front

白求恩在西班牙前线往返途中，帮助运送撤退的难民。

Bethune assisting refugees retreat on his way to and back from the Spanish front line.

Bethune ayudó a los refugiados en su camino de ida y vuelta al frente.

À son retour de la ligne de front de l'Espagne, Bethune aidant à transporter des réfugiés.

白求恩（行列中第三人）参加抢救马德里图书馆书籍，通过战壕。

Bethune (the third in the line) coming out of a trench in the process of transferring books from a Madrid library, in order to keep them safe.

Después de salvar los libros de una biblioteca en Madrid, Bethune (el tercero en la línea) salió de una zanja.

Bethune (3e) franchissant la tranchée pour sauver les livres de la Bibliothèque de Madrid.

白求恩（左三）在西班牙与战友们在一起野餐

Bethune (third on the left) with his comrades-in-arms in Spain at a picnic

Bethune (tercero a la izquierda) y compañeros,merendar al campo, en España

Bethune (3e à gauche) avec ses frères d'armes en Espagne, faisant un pique-nique

白求恩在西班牙

Bethune in Spain

Bethune en España

Bethune en Espagne

白求恩在西班牙

Bethune in Spain

Bethune en España

Bethune en Espagne

奔赴远东战场

　　受西班牙人民阵线委托，白求恩离开马德里，返回北美大陆。1937 年 6 月 7 日抵达纽约，先后在美国和加拿大许多城市巡回讲演，为西班牙反法西斯战争进行募捐，并计划一旦为他的输血工作筹足款项，就返回马德里。7 月 7 日，日本军队挑起卢沟桥事变，对中国全面入侵。白求恩立即意识到，现在的中国更需要他。

　　第一位邀请白求恩援华抗战的是中国教育家陶行知。1937 年 7 月 30 日，陶行知应邀参加美国洛杉矶医疗局举行的欢迎西班牙人民之友宴会，他与白求恩会面并详细介绍了"七七事变"后中国的形势。白求恩听后毫不犹豫地表示：如果中国需要医疗队，我愿意到中国去。随后，白求恩将想法告知加共领导人，加共和美共协商后同意联合派他率医疗队到中国去。白求恩随后赴纽约与美国援华委员会、和平民主同盟商谈筹组援华医疗队问题，并进行演讲募捐，终于募得一笔数量可观的资金，便着手购买医疗器材和物色医疗队人选。12 月底，由白求恩与美籍外科大夫帕森斯和一位能讲汉语的加拿大女护士琼·尤恩组成的加美援华医疗队正式成立。他们将采购的物资送往加拿大温哥华港，完成了来华前的一切准备工作。

　　1938 年 1 月 8 日，白求恩和加美援华医疗队的同事自温哥华乘"亚洲女皇号"邮轮起程了。

Heading to the Battlefield in the Far East

At the request of the Spanish People's Front, Bethune left Madrid and returned to New York on June 7th 1937. Upon arrival, he made a round of lectures in many American and Canadian cities, fundraising for the Spanish anti-fascist war and planning to go back to Madrid once enough funds were collected for conducting the work of blood transfusion. However, when the Japanese provoked the Marco Polo Bridge Incident on July 7th and started a full-scale invasion of China, Bethune realized that China was in even greater need of help.

The person who made the very first invitation to Bethune for his support in China's War of Resistance against Japan was the patriotic educator Tao Xingzhi. Mr. Tao was invited to a reception party held by the American Los Angeles Medical Bureau for the Spanish People's Friends on July 30th 1937. He met Bethune at the party and described to him about China's situation after the incident on July 7th. Immediately upon hearing it, Bethune replied, "I would love to go to China if a medical team is needed". Later, Bethune expressed this idea to the Canadian Communist Party leaders and received approval from both the Canadian and American Communist Parties to go with a group of medical workers to China. In order to form a China Aid medical team, Bethune travelled to New York to discuss the matter with the American China Aid Council and the Peace and Democratic Alliance. He also went on fundraising tours and purchased important medical instruments and equipment as well as hiring outstanding medical staff with the funds he received. By the end of December, the Canadian-American Mobile Medical Unit to aid China was officially formed, consisting of Bethune himself, an American physician Charles Parsons and a Canadian nurse, Jean Ewen, who spoke fluent chinese. They posted all the necessary materials to the Vancouver port for shipping and prepared for the journey to China.

On January 8th, 1938, Bethune and his fellow medical team members departed from Vancover for China on S.S. *Empress of Asia*.

Fue al campo del Lejano Oriente

A petición del Frente Popular Español, Bethune salió de Madrid y regresó al continente americano. El 7 de junio de 1937 llegó a Nueva York y realizó una gira de conferencias en muchas ciudades de Estados Unidos y Canadá para recaudar dinero para la guerra contra el fascismo en España, a dónde planeaba regresar, una vez que hubiera recaudado suficientes fondos. Sin embargo, el 7 de julio de ese año, el ejército japonés provocó el incidente del Puente Lugou y así empezó la invasión a gran escala contra China. Bethune se dio cuenta imediatamente de que China lo necesitaba más.

Tao Xingzhi, educador patriótico, fue el primer chino que invitó a Bethune a China para ayudar contra la agresión japonesa. El 30 de julio de 1937, Tao Xingzhi fue invitado a Los Angeles para asistir al banquete de bienvenida a los Amigos de España, celebrado por la Oficina Médica de Los Angeles, donde se reunió con Bethune y le contó los detalles de la situación de China después de incidente del 7 de Julio de 1937. Bethune no vaciló en absoluto después de escucharlo: "si China necesita un equipo médico, estoy dispuesto a ir a China." Posteriormente, Bethune expresó su idea a los líderes del Partido Comunista de Canadá, que consultó con el Partido Comunista de Estados Unidos y acordaron enviar un equipo médico dirigido por Bethune a China. Luego, Bethune fue a Nueva York para discutir la organización del equipo médico con el Comité de Estados Unidos de Ayuda a China y la Alianza de Democracia y Paz; además, aprovechó su estancia para recaudar fondos. Posteriormente, comenzó a comprar equipo y a seleccionar médicos candidatos que formarían parte de la misión de ayuda a China. A finales de diciembre, se fundó oficialmente el equipo médico de Estados Unidos y Canadá para ayuda a China, integrado por Bethune, el médico estadounidense Parsons y una enfermera canadiense Jean Ewen quien podía hablar chino. Ellos mandaron los suministros comprados al Puerto de Vancouver, Canadá, así se completó la etapa de preparación antes de ir a China.

El 8 de enero de 1938, Bethune y sus colegas partieron a China a bordo del "Empress of Asia" desde Vancouver.

Une nouvelle cause à soutenir sur le champ de bataille de l'Extrême-Orient

Pour accomplir une tâche glorieuse que le Front populaire lui confia, Bethune quitta Madrid pour retourner en Amérique du Nord. Il arriva le 7 juin 1937 à New York et puis se lança immédiatement dans une tournée de conférences en parcourant beaucoup de villes américaines et canadiennes pour recueillir des fonds afin de soutenir la Guerre Civile Espagnole. En ce temps-là, il envisageait de rentrer à Madrid une fois que assez de fonds furent collectés pour financer le centre de transfusion sanguine, cependant le 7 juillet, les fascistes japonais procédèrent à une invasion de grande envergure contre la Chine marquée par l'incident du pont Marco Polo (pont de Lougou). Bethune se rendit compte toute de suite que la Chine avait plus besoin de lui.

La première personnalité qui invita Bethune à lutter au côté des Chinois contre l'agresseurs japonais était Tao Xingzhi, pédagogue de renommée de cette époque. Le 30 juillet 1937, M. Tao participa à une soirée visant à souhaiter la bienvenue des amis du peuple espagnol et organisée par le Bureau des services médicaux de Los Angeles des États-Unis et à l'occasion de cette soirée, Tao Xingzhi rencontra Bethune et lui expliqua en détail la situation chinoise après l'incident du pont Marco Polo. Par la suite, Bethune exprima ferment que « Si la Chine a besoin d'une équipe médicale, je suis prêt à y aller ». Bethune discuta plus tard de son idée avec les dirigeants du Parti communiste du Canada et à la suite d'une discussion entre le Parti communiste du Canada et le Parti communiste des États-Unis, les deux partis convinrent d'envoyer une équipe médicale dirigée par Bethune en Chine. Avec l'appui du China Aid Council, siégé à New York, et d'autres organisations, Bethune et ces organismes organisèrent une collecte de fonds qui s'était soldée par un financement considérable qui leur permit d'acheter des fournitures médicales et de choisir le personnel qualifié. À la fin du décembre, le Canadian-American Mobile Medical Unit, qui comprenait Bethune, Charles Edward Parsons, chirurgien américain et Jean Ewen, infirmière canadienne qui pouvait parler le chinois fut officiellement établi. Les fournitures médicales furent envoyées au port de Vancouver du Canada et tous les travaux préparatoires furent achevés avant leur aventure en Chine.

Le 8 janvier 1938 Bethune et ses collègues du Canadian-American Mobile Medical Unit s'embarquèrent à Vancouver à bord du paquebot S.S.Empress of Asia pour la Chine.

1937 年 5 月，白求恩从西班牙返回加拿大后，在加拿大支援民主西班牙医药会门前留影。

In May 1937, Bethune left Spain for Canada and took this picture at the gate of the Canadian Medical Committee to Aid Spanish Democracy.

En mayo de 1937, Bethune dejó España para regresar Canadá y tomó esta foto a la puerta del Comité de Canadá Ayuda a la España Democrática.

En mai 1937, Bethune a quitté l'Espagne pour rentrer au Canada. Bethune devant le siège du Committee to Aid Spanish Democracy.

1937 年 6 月 14 日，白求恩在多伦多立法大厦前草坪上向约五千名群众发表演讲，为支援西班牙募集资金。这是当时加拿大报纸的报道。

On June 14th, 1937, Bethune addressed more than 5000 people on the lawn of the Toronto Legislative Buildings in order to raise money for supporting Spanish democracy. This photo shows how Canadian newspapers reported about the event that year.

El 14 de junio de 1937, Bethune recaudó dinero para la España democrática y pronunció un discurso ante más de 5 mil personas en el césped del Toronto Legislative Buildings. Esta es la imagen que se publicó en el periódico.

Le 14 juin 1937, Bethune a donné un discours devant plus de 5000 auditeurs sur la pelouse devant le siège de l'Assemblée législative de Toronto afin de recueillir des fonds pour l'Espagne. Un reportage fait par la presse canadienne sur cet évènement.

在温尼泊募捐讲演时，白求恩公开了自己的政治信仰，他告诉听众："我很荣幸自己是一名共产党员。"

During the fundraising speech given in Winnipeg, Bethune made public his political conviction. He told his audience，"I am proud to be a communist party member."

Durante un discurso de colecta en Winnipeg, Bethune dijo a los asistentes sus creencias políticas: "Me siento honrado de ser un miembro del Partido Comunista."

L'adhésion de Bethune au Parti communiste du Canada est devenue publique lors qu'il a prononcé un discours à Winnipeg. Il a déclaré aux auditeurs « j'ai l'honneur d'être un communiste ».

白求恩募捐演讲期间忙里偷闲，在安大略省的萨德伯里和孩子们在一起。

Bethune making some time to relax during the busy fundraising tour and spending time with children in Sudbury, Ontario.

Receso durante el período de discursos de colecta. Bethune con niños en Sudbury, Ontario.

Bethune avec des enfants à Sudbury, en Ontario, après avoir prononcé des discours pour collecter des fonds.

白求恩筹款演讲之余在湖边小憩

Bethune is taking a short break near a lake after giving a fundraising speech

Depués del discurso, Bethune descansa al lado del lago

Bethune se reposant près d'un lac, après avoir prononcé des discours visant à collecter des fonds

1938 年 1 月 8 日，白求恩和加美医疗队成员乘"亚洲女皇号"邮轮，自加拿大温哥华港起程到中国，支援中国人民的抗日战争。前排左起白求恩、尤恩、帕森斯。

On January 8th, 1938, Bethune led the Canadian-American Medical Unit to take the S.S. *Empress of Asia* from Vancouver Port of Canada to China to assist China's War of Resistance against Japan. People in the front row starting from the left are: Bethune, Ewen and Parsons.

El 8 de enero de 1938, Bethune (primero a la izquierda y después Ewen y Parsons) tomó el "S.S.Empress of Asia" al frente de la Unión Médica Canadiense-Americana desde el puerto Vancouver hacia China para ayudar a los chinos en la Guerra de Resistencia contra Japón.

Le 8 janvier 1938, en vue de soutenir la guerre de résistance anti-japonaise, Bethune et ses collègues du Canadian-American Mobile Medical Unit se sont embarqués à Vancouver à bord du bateau S.S.Empress of Asia pour la Chine, (au premier rang, de gauche à droite) Bethune, Jean Ewen et Charles Edward.

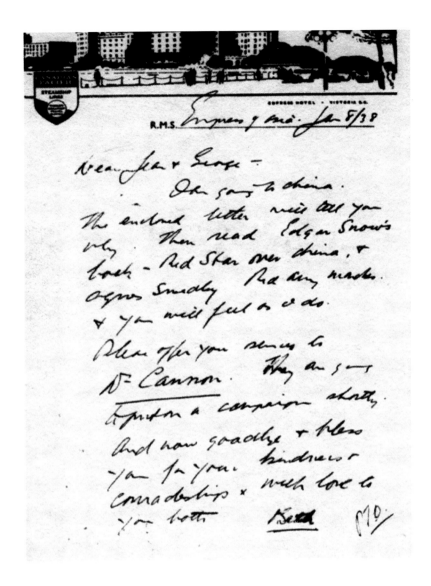

1月8日在轮船上写给友人的信中说："请阅读埃德加·斯诺的《红星照耀中国》，艾格尼丝·史沫特莱的书《红军在前进》以及贝特兰的《中国第一步行动》。我现在特别高兴，特别快乐。比我离开西班牙之后任何时候都快乐！"

In the letter to a friend on January 8th, Bethune wrote, "Please read Edgar Snow's Red Star Over China, Agnes Smedley's China's Red Army Marches and Bertram's First Act in China I am very happy at the moment, so much so that I feel more happy than at any time since I left Spain!"

En una carta escrita el 8 de enero a su amigo, Bethune dijo : "Por favor, lea los libros Red Star Over China, de Edgar Snow, China's Red Army Marches, de Agnes Smedley y First Act in China, de Bertram. Estoy muy feliz ahora, muy feliz, son los días más felices desde que salí de España."

Le 8 janvier 1938, dans une lettre écrite à son ami, Bethune a écrit que « Il faut lire les livres suivants : «Étoile rouge sur la Chine» d'Edgar Snow, «La Longue Marche» d'Agnes Smedley et «Première action en Chine» de James Munro Bertram. Je suis très heureux maintenant, tellement heureux. Je n'ai jamais été aussi content après avoir quitté l'Espagne ! »

加拿大护士琼·尤恩

The Canadian nurse Jean Ewen

Enfermera canadiense Jean Ewen

Jean Ewen, infirmière canadienne

北上延安

1938 年 1 月 27 日，白求恩一行抵达中国香港。正在香港的保卫中国同盟主席宋庆龄，前往白求恩下榻的饭店会见并宴请了白求恩和医疗队成员。经宋庆龄与有关方面协商，安排白求恩到武汉后即去八路军办事处。

三天后，白求恩一行乘飞机抵达武汉，住在鲁茨主教宅邸。在武汉工作的中共中央军委副主席、南方局负责人周恩来很快会见了白求恩。白求恩明确表示愿意到中共领导的晋察冀（山西省、察哈尔省和河北省三省交界处）前线工作。考虑到从延安去晋察冀更安全些，周恩来建议他们先去延安再到晋察冀前线，同时指定有关人员抓紧协助办理有关事宜。

在等待北上期间，日本空军对武汉进行大轰炸，白求恩冒着生命危险，与护士尤恩在汉阳高隆庞修女会诊所（即现武汉市第五医院）工作一周，为上百名伤病员做了手术。

此时，日本军队正自华北向南进犯，铁路沿线经常遭到敌机轰炸扫射。2 月 22 日，周恩来安排专人护送白求恩一行乘火车离开武汉绕道临汾去延安。

在决定北上问题上，美籍医生帕森斯与白求恩发生分歧，所以只有白求恩和尤恩带着笨重的物资出发。2 月 26 日到了临汾，恰逢日军发动晋南战役，情况十分危急。2 月 28 日，经八路军临汾兵站安排换乘马车，组织护送。3 月 7 日，终于渡过黄河，摆脱敌人追击。

在西安八路军办事处，白求恩与八路军朱德总司令会面，两人进行了亲切交谈。

3 月底，白求恩一行乘卡车来到延安。

第二天晚上 10 点多钟，毛泽东在延安凤凰山住所会见了白求恩与医疗队成员尤恩。他们谈到西班牙战争，谈到中国抗日战争的长期性，谈到共产党的抗日战略策略，谈到战地救治的问题，还谈到红军长征……会见一直持续到午夜，毛泽东与白求恩才步出窑洞握别。

　　白求恩与毛泽东的友谊自此而始。对毛泽东的印象，白求恩在日记里写道："这是一个巨人！他是我们世界上最伟大的人物之一。"

Trek to Yan'An

Bethune and his group arrived in Hong Kong on January 27th 1938. Ms. Song Qhing-ling, Chair of the China Defense League, paid a visit in person to the hotel where they stayed and gave the group a warm reception. After negotiation with relevant parties, Ms. Song made arrangements for Bethune to visit the Eighth Route Army (ERA) Liaison Office in Wu'han upon his arrival in the city.

Three days later, the group took off to Wu'han and stayed in a bishop's mansion. Soon they were greeted by Zhou Enlai, the Vice Chairman of the Military Commission of the Central Committee of the Communist Party of China and leader of the South Bureau. Bethune keenly expressed his intention to work on the Jin-Cha-Ji (Shanxi-Chahaer-Hebei) front line, led by China's Communist Party leaders. Considering the danger of the journey to the Jin-Cha-Ji front (the cross point of Shanxi Province, Chahaer Province and Hebei Province), Zhou Enlai suggested that they take the route to Yan'an first and set out from there to the front. He also instructed his staff to give the group all necessary support for the journey.

While they were preparing for the journey, the Japanese air planes attacked Wu'han with heavy bombings. Bethune decided to put his life on the line to stay working in a local Catholic clinic of nuns (the Fifth Hospital of Wu'han City today) for a week and performed over a hundred operations.

During that time, the Japanese invaders were intruding from Northern China towards the south and therefore making frequent attacks on the rail lines along that route. Zhou Enlai assigned a team on February 22nd to escort Bethune and his colleagues to Yan'an through Lin fen by train.

The American physician, Parsons, disagreed with Bethune on the plan to go to the north and declined to make this trip. Therefore Bethune had to travel with Ewen alone with all the heavy equipment. They arrived at Lin fen on February 26th, when the Japanese provoked the battle of southern Shan xi. This had made the situation even more dangerous. On February 28th, the group went through the ERA's Lin fen depot and changed to travel by carriage with the ERA's convoy. On March 7th, they finally got free of the enemy's pursuit and crossed the Yellow River.

At the ERA's Office in Xi an, Bethune was interviewed with Commander-in-chief Zhu De in a friendly atsmosphere.

At the end of March, Bethune's group arrived in Yan'an in a millitary truck.

Around 10 p.m in the next day, Mao Zedong met with Bethune and Ewen in his cave in Yan'an. They spent hours talking about topics including the Spanish Civil War, China's War of Resistance against Japan, field ambulances and the Communist Party's Long March. The meeting was not over until midnight. Mao Zedong walked Bethune out of his cave dwelling to see him off.

This marked the beginning of the friendship between Bethune and Mao Zedong. Bethune was deeply impressed by Mao and described him in his diary, "He is a giant! He is one of the great men of our world."

Llegada a Yan'an

El día 27 de enero de 1938, Bethune y su equipo llegaron a Hong Kong, China; en aquel entonces, Song Qingling, presidenta de la Liga de Defensa de China, quien vivía en Hong Kong, fue al hotel donde Bethune y sus colegas se alojaban y ofreció un banquete a los miembros del equipo. Después de consultar con las partes relativas, Song Qingling arregló que Bethune y su equipo irían a la Oficina del Octavo Ejército después de llegar a Wuhan.

Tres días después, Bethune y sus miembros llegaron vía aérea a Wuhan y se hospedaron con el obispo Lutz. Zhou Enlai, vicepresidente de la Comisión Miltar Central del PCCh y responsable de la Oficina del Sur, trabajaba en ese tiempo en Wuhan y se reunió con Bethune. En dicha reunión, el doctor Bethune expresó claramente que estaba dispuesto a trabajar en el frente militar de Jinchaji (región donde se unen tres pronvincias: Shanxi, Chahar y Hebei) dirigido por el Partido Comunista de China. Teniendo en cuenta de que era más seguro ir a Jinchaji desde Zhou Enlai sugirió que los médicos fueran primero a después al frente de Jinchaji, al mismo tiempo designó a unos funcionarios para ayudarles.

Antes de que Bethune y sus colaboradores partieran rumbo a Yan'an, Wuhan sufrió un fuerte bombardeo por parte de la fuerza aérea japonesa.

Durante la espera de ir a la fuerza aérea japonesa bombardeó a gran escala a Wuhan. Bethune y la enfermera Jean arriesgaron sus vidas y trabajaron una semana en la Clínica Hermana San Columbano de la ciuadad de Hanyang (ahora es el Quinto Hospital de Wuhan) y operaron a cientos de soldados heridos.

En este momento, el ejército japonés invadió desde el norte hacia el sur, la zona a lo largo de la línea del ferrocarri fue ametrallada y bombardeada a menudo por el enemigo. El 22 de febrero, Zhou Enlai designó a un grupo de personas para escoltar a Bethune y su equipo a salir de Wuhan rumbo a Linfen y después tomaron el tren.

En cuanto al tema de ir hacia el norte, el médico estadounidense Parsons tenía divergencias con Bethune, por lo tanto sólo Bethune y Jean partieron llevando con ellos el pesado equipo, rumbo a Yan'an. Llegraon a Linfen cn el 26 de febrero, justo cuando Japón declaro la Guerra a Jinnan. La situación era crítica. El 28 de febrero, las personas de la estación militar de Linfen del Octavo Ejército, escoltaron a Bethune y Jean a tomar un carro de transferencia. El 7 de marzo, terminaron por cruzar el Río Amarillo y quedaron libres de la persecución del enemigo.

En la Oficina del Octavo Ejército en Xi'an, Bethune sostuvo un encuentro cordial con el comandante Zhu De. A finales de marzo, Bethune y su equipo llegaron en camiones a Yan'an.

A las diez de la noche del día siguiente, en la residencia situada en la montaña Fénix de Yan'an, Mao Zedong se reunió con Bethune y su colega del equipo médico, Ewen. Hablaron sobre la guerra de España, el largo plazo de la Guerra de Resisitencia contra Japón, la estrategia y la táctica de la guerra sino-japonesa, el tratamiento médico en el campo y otros problemas. Mao también le contó de la Gran Marcha del Ejército Rojo, y otros temas recientes de China; la conversación duró hasta la medianoche, Mao Zedong y Bethune salieron de la cueva y se despidieron con un apretón de manos.

Así empezó la amistad entre Bethune y Mao Zedong. Sobre su impresión de Mao, Bethune escribió en su diario : "Este es un gigante, uno de los hombres más grandes del mundo."

Le voyage vers la ville septentrionale de Yan'an

Le 27 janvier 1938, Bethune et ses collègues arrivèrent à Hong Kong. Song Qingling, présidente de China Defense League, qui habitait pendant ce temps-là à Hong Kong, vint à l'hôtel où logeaient Bethune et d'autres membres de l'équipe médicale pour leur rendre une visite. À la suite d'une discussion avec des autorités concernées, Song Qingling dépêcha Bethune à Wuhan, où se trouvait le siège du bureau de l'Armée de la 8e route.

Trois jours plus tard, cette équipe médicale s'envola pour Wuhan et se logea dans la maison de l'évêque Lutz. Bethune rencontra rapidement Zhou Enlai, vice-président du Comité central de l'armée du PCC et responsable du Bureau du Sud et affirma sa volonté de travailler au front de la région frontière Jin(Shanxi)-Cha(Chahar)-Ji(Hebei), sous la direction du Parti communiste chinois. En tenant compte que l'itinéraire passant par Yan'an serait plus sécurisée, Zhou Enlai leur proposa d'aller d'abord à Yan'an pour se rendre dans la région frontière Jin-Cha-Ji et demanda au personnel concerné d'achever des travaux préparatoires dans les meilleurs délais afin de favoriser leur voyage.

En attendant son départ vers le nord, les forces aériennes japonaises menèrent un bombardement à grande échelle contre Wuhan. Sous le feu de l'artillerie lourde et avec l'aide de l'infirmière Jean Ewen, Bethune arriva à opérer pendant une semaine une centaine de blessés dans la Clinique Columban de Hanyan, soit le Hôpital No.5 de Wuhan d'aujourd'hui.

Pendant ce temps, l'armée japonaise se bifurqua du nord de la Chine vers le sud et les régions près des lignes ferroviaires furent bombardées souvent par les avions japonais. Le 22 février, Zhou Enlai dépêcha des soldats pour escorter Bethune et ses collègues qui prirent le train pour aller à Yan'an en passant par Linfen.

Le docteur américain Parsons refusa le voyage et seulement Bethune et Jean Ewen firent route vers Yan'an en apportant une cargaison de fourniture lourde. Le 26 février, les deux Canadiens arrivèrent à Linfen qui était à peine attaqué par les envahisseurs japonais. La situation était urgente. Le 28 février, la division locale de l'Armée de la 8e route prépara des chariots pour les escorter. Le 7 mars, ils arrivèrent enfin à traverser le fleuve Jaune et se débarrassèrent des ennemis japonais.

Dans le bureau de l'Armée de la 8e route à Xi'an, Bethune rencontra le général de l'Armée Rouge chinoise, Zhu De et les deux eurent un entretien amical.

À la fin du mars, l'équipe de Bethune arriva à Yan'an en prenant un camion.

À environ dix heures du lendemain soir, Mao Zedong accueillit Bethune et l'infirmière Jean Ewen dans sa résidence à Fenghuangshan à Yan'an. Ils parlèrent de la guerre civile espagnole, de la persistance de la guerre de résistance à l'agression japonaise, de la stratégie du PCC en matière de lutte contre les agresseurs japonais, du traitement médical sur le champ de bataille et de la Longue Marche de l'Armée Rouge chinoise. Ce n'était jusqu'au minuit que cette réunion fut terminée quand Mao Zedong et Bethune se serrèrent la main à l'extérieur du yaodong (maison-grotte) de Mao.

C'était depuis ce moment que l'amitié entre Bethune et Mao Zedong commença. En ce qui concerne son impression sur Mao Zedong, Bethune écrivit dans son journal que « C'est un géant ! Il est l'un des plus grands personnages de notre monde ».

1938 年 1 月 30 日，中共中央军委副主席周恩来在八路军驻武汉办事处会见了白求恩，为他赴延安作了妥善安排（绘画作者：邓　澍）。

On January 30th 1938, Zhou Enlai, the Vice-Chairman of Military Commission of the Central Committee of the Communist Party of China met with Bethune in the Wuhan Eighth Route Army's (ERA) liaison office and made arrangements for his trip to Yan'an (by Deng Shu).

El 30 de enero de 1938, el camarada Zhou Enlai, vicepresidente de la Comisión Militar Central del PCCh, se reunió con Bethune en la oficina del Octavo Ejército en Wuhan y se arregló el viaje de Bethune a Yan'an (por Deng Shu).

Le 30 janvier 1938, Zhou Enlai, vice-président du Comité central de l'armée du PCC a rencontré Bethune dans le bureau de la 8e armée de route à Wuhan et a fait des arrangements appropriés pour son voyage à Yan'an (par Deng Shu).

八路军驻武汉办事处旧址

The previous site of Wuhan Eighth Route Army's liaison office

Sitio de la oficina del Octavo Ejército en Wuhan

L'ancien site du bureau de la 8e armée de route à Wuhan

1938 年 3 月 22 日，八路军总司令朱德在八路军驻西安办事处会见了白求恩。随后白求恩一行乘卡车奔赴延安（绘画作者：刘勃舒）。

On March 22, 1938, Zhu De, Commander-in-Chief of the Eighth Route Army, met with Bethune and his group in Xi an ERA's liaison office. Later, Bethune and his group travelled to Yan'an by truck. (by Liu Boshu).

El 22 de marzo de 1938, el camarada Zhu De, comandante en jefe del Octavo Ejército, se reunió con Bethune y su grupo en la oficina del su ejército en Xi'an, y despúes Bethune y su grupo fueron a Yan'an en camión. (Por Liu Boshu).

Le 22 mars 1938, le général de la 8e armée de route Zhu De a rencontré Bethune dans le bureau de l'armée à Xi'an. Bethune et ses collègues ont pris un camion pour se rendre à Yan'an (par Liu Boshu).

八路军驻西安办事处旧址

ERA's liaison office in Xi'an

Oficina antigua del Octavo Ejército en Xi'an

L'ancien site du bureau de la 8e armée de route à Xi'an

1938 年 4 月初，毛泽东在延安凤凰山住所会见白求恩（绘画作者：许荣初　赵大军　袁耀锷）。

In the early April, 1938, comrade Mao Zedong met with Bethune at his residence in Fenghuang mountain, Yan'an (by Xu Rongchu, Zhao Dajun, Yuan Yao'e).

En la noche del 1 de abril de 1938, Mao Zedong, presidente del Comité Central del Partido Comunista de China, se reunió con Bethune en Yan'an (por Xu Rongchu, Zhao Dajun, Yuan Yao'e).

Au début d'avril 1938, Mao Zedong a rencontré Bethune dans son logement à Fenghuangshan à Yan'an (par Xiu Rongchu, Zhao Dajun,Yuan Yao'e).

白求恩北上延安路线图

Bethune's route map to Yan'an

Mapa de rutas hacia Yan'an en el norte

L'itinéraire du voyage de Bethune vers Yan'an

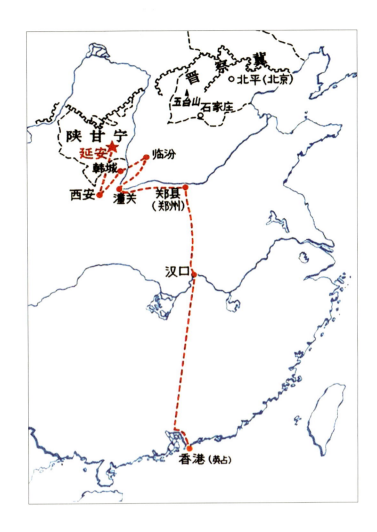

◄ 毛泽东与白求恩在延安凤凰山窑洞前（绘画作者：袁耀锷　许荣初　赵大军）

Mao Zedong with Bethune in front of his cave dwelling in Fenghuang mountain, Yan'an (by Yuan Yao'e, Xu Rongchu, Zhao Dajun)

Camarada Mao Zedong y Bethune frente a la cueva del monte Fenghuang en Yan'an. (por Yuan Yao'e, Xu Rongchu, Zhao Dajun)

Mao Zedong et Bethune devant un yaodong (maison-grotte) à Fenghuangshan, à Yan'an (par Yuan Yao'e, Xiu Rongchu, Zhao Dajun)

白求恩 1938 年 4 月为毛泽东拍摄的一幅照片

A photo of young Mao Zedong taken by Bethune in April 1938

Esta foto del joven Mao Zedong fue tomada por Bethune en Yan'an en abril de 1938

Une photo de Mao Zedong prise en avril 1938 par Bethune

毛泽东与白求恩在一起

Mao Zedong and Bethune

Mao Zedong y Bethune

Mao Zedong avec Bethune

白求恩在延安东门外教堂前留影

Bethune in front of a church at the East Gate of Yan'an

Bethune delante de la iglesia en la puerta oriental de Yan'an

Bethune devant une église, située à l'extérieur de la porte de l'est de Yan'an

白求恩在延安绘制抗日宣传画

Bethune painting a propaganda poster for the War of Resistance against Japan in Yan'an

Bethune realizó una pintura de propaganda anti-Japón en Yan'an

Bethune dessinant pour la propagande anti-japonaise à Yan'an

▶ 白求恩在延安城墙上

Bethune on the wall of Yan'an

Bethune en la muralla de la ciudad de Yan'an

Bethune sur la muraille de Yan'an

◀ 白求恩与勤务兵何自新在一起

Bethune with his orderly He Zixin

Bethune con el ordenanza He Zixin

Bethune avec He Zixin, officier d'ordonnance

白求恩与友人在一起

Bethune with a friend

Bethune con sus amigos

Bethune avec un ami

白求恩（右一）与美军观察员卡尔逊上尉、布朗医生在一起。

Bethune (on the right) with the American doctor Dr.Brown (in the middle) and the U.S.military observer (on the left).

Bethune(primero a la derecha), junto con el observador estadounidense, Capitán Carlson y el doctor Brown.

Bethune (à gauche) avec le médecin américain Brown (au centre) et l'observateur de l'armée américaine, capitaine Carlson.

抵达晋察冀前线

在延安，白求恩参观了边区政府、学校和城市环境，在抗日军政大学、延安工学院、东北干部训练团作了讲演。他还视察延安中央医院，并给伤员做了手术。他用自己带来的X线机给中央领导同志及工作人员作了身体检查。在这段时间里，他结识了陈云、陈赓、萧劲光等许多中共高级将领。他高超的医务技术使延安的医务人员十分佩服，延安也给白求恩留下了良好印象。当有关方面希望他留在延安工作时，他坚定地说："我们的伤员在黄河对岸的晋察冀前线，我的工作岗位必须在战场上，和战士在一起！"

5月2日，白求恩率医疗队离开延安，前往晋察冀前线。

白求恩于1938年5月14日到达地处黄河西岸的神木县贺家川八路军120师后方医院第三所。他连夜进行检查，连续三天为伤员做手术。

他还因地制宜建了一个简单的手术室，制作了一批医疗器材，并给医务人员上课。

临走时，他将自己部分衣物捐赠给了伤员。

1938年6月7日，白求恩一行过黄河，到达山西省岚县120师师部所在地，受到贺龙师长、关向应政委、萧克副师长、周士第参谋长的热烈欢迎。

1938年6月17日，白求恩一行越过同蒲铁路封锁线，渡过滹沱河，到达晋察冀军区司令部驻地五台县金刚库村，受到聂荣臻司令员与当地军民列队欢迎。

Arriving at the Jin-Cha-Ji Front line

When he was in Yan'an, Bethune paid visits to the border government, schools and the urban area of the city, gave speeches at Anti-Japanese Military and Political University, Yan'an University of Technology and the Northeast Cadres Training Commission, inspected Yan'an Central Hospital and carried out operations on the wounded. He also conducted health check's for leaders and members of CPC with an X-ray machine. It was during that period when he met with many important senior army generals of the Communist Party such as Chen Yun, Chen Geng and Xiao Jingguang. His excellent medical techniques gained him much respect among the medical staff in Yan'an while Yan'an also impressed him in many ways. Nevertheless, when he was asked to stay in Yan'an, he answered firmly, "The wounded soldiers that need me are on the Jin-Cha-Ji front line across the Yellow River. My position must be in the battlefield with them!"

On the 2nd of May, Bethune left Yan'an with his team for the Jin-Cha-Ji Border Area.

The group arrived at the No. 3 Base Hospital of the ERA's 120 Division on May 14th 1938 in Hejiachuan of Shenmu County, located on the west bank of the Yellow River.

Bethune adapted to local conditions and built a make-shift operating room there. He also made a variety of medical instruments and gave free medical treatment to the local medical staff. Before leaving the base hospital, he even donated some of his clothes and articles of daily use to the soldiers.

On June 7th 1938, Bethune's group crossed the Yellow River and reached the Headquarters of the 120 Division in Lan County, Shanxi Province. They were given a warm welcome by the Division Commander He Long, Polifical Commissar Guan Xiangying, Vice Division commander Xiao Ke and Chief of Staff Zhou Shidi.

The medical group made their way through the Tongpu rail blockade line, crossed Hutuo River and finally arrived at the Hendquarters of Jin-Cha-Ji Military District in Jingangku Village of Wutai County on June 17th 1938. Commander Nie Rongzhen together with the army and the local people welcomed them warmly.

Llegar al frente de Jinchaji

En Yan'an, Bethune visitó el gobierno de la zona fronteriza, escuelas y entornos urbanos; en la Universidad Militar y Política contra la Agresión Japonesa, el Instituto de Tecnología de Yan'an y en el Grupo de Entrenamiento de Cuadros de Nordeste, pronunció diversos discursos, También visitó el Hospital de Yan'an e hizo operaciones a los heridos. Y además, utilizó la máquila de rayos X que él mismo llevó para hacer exámenes físicos a los líderes centrales y a los trabajadores. Durante este período, conoció a Chen Yun, Chen Geng, Xiao Jinguang y muchos otros generales de alto nivel del partido. El amplio conocimiento de Bethune sobre tecnología médica impresionó mucho al personal médico de Yan'an. Pero la sopresa fue mutua, ya que Yan'an también dejó una grata impresión en Bethune. Cuando todos esperaban que el afamado médico se quedara en Yan'an para trabajar, Bethune dijo firmemente: "Nuestros heridos están en el frente de Jinchaji, al otro lado del Río Amarillo, tengo que trabajar en el campo de batalla con los soldados."

El 2 de mayo, Bethune salió de Yan'an rumbo al frente de Jinchaji a la cabeza de un equipo de médicos.

El 14 de mayo de 1938 Bethune llegó a la tercera clínica del hospital trasero de la División 120 acantonada en la aldea Hejiachuan del distrito de Shenmu, en la orilla oeste del Río Amarillo. Allí, examinó a los lesionados y practicó operaciones en los soldados heridos desde la noche misma de su arribo y durante tres días consecutivos.

También construyó una sencilla sala de operación a la luz de las condiciones locales, fabricó una serie de equipos médicos y dio clases al personal local.

Antes de salir, Bethune donó parte de su ropa a los heridos.

El 7 de junio de 1938, Bethune y su equipo cruzaron el Río Amarillo y llegaron la sede de la División 120, en el distrito de Lan, de la provincia de Shanxi, donde encontraron una cálida bienvenida encabezada por el comandante He Long, el comisario político Guan Xiangying, el vicecomandante Xiao Ke, el jefe de Estado Mayor, Zhou Shidi y otros funcionarios del ejército.

El 17 de junio de 1938, Bethune y su equipo cruzaron la línea de bloqueo del ferrocarril Tongpu y después pasaron el río Hutuo, para finalmente llegar a la aldea de Jingangku del distrito Wutai, provincia de Shanxi, lugar de acantonamiento del cuartel general de la región militar Jin-Cha-Ji. En este punto, el general Nie Rongzhen y los militares locales y civiles le ofrecieron a Bethune y la comitiva que lo acompañaba una cálida bienvenida, amenizada con un desfile.

Arriver à la ligne de front de la région militaire Jin-Cha-Ji

À Yan'an, Bethune visita le siège du gouvernement local, les écoles et observa l'environnement de la ville. Il donna également des discours devant l'équipe des cadres du nord-est en formation et inspecta l'hôpital central de Yan'an et y effectua des opérations pour des blessés. En outre, les dirigeants du Parti communiste chinois et le personnel subirent un examen de santé grâce à l'appareil à rayon X que Bethune eut apporté en Chine. Pendant ce temps, Norman Bethune fit connaissance de beaucoup de dirigeants et d'officiers de haut niveau du PCC, comme Chen Yun, Chen Geng et Xiao Jingguang. D'une part son expertise médicale fut appréciée par les professionnels de santé de Yan'an et d'autre part, Yan'an laissa une bonne impression à Bethune. Mais quand les autorités concernées lui demandèrent de travailler à Yan'an, Bethune répondit avec fermeté que « Nos blessés nous attendent sur la ligne de front à l'autre rive du fleuve Jaune, donc il faut que je travaille en première ligne, sur le champ de bataille et au côté de nos soldats ».

Le 2 mai, à la tête d'une équipe médicale, Bethune quitta Yan'an et fit route vers la ligne de front de la région frontière Jin-Cha-Ji.

Arrivé le 14 mai 1938 à l'hôpital No. 3 de la 120e Division de l'Armée de la 8e route situé à Hejiachuan, dans le district de Shenmu au rive ouest du fleuve Jaune, Bethune commença son travail la nuit même et fit des opérations pour les blessés pendant trois jours consécutifs.

En fonction des conditions locales, Bethune construisit une salle d'opération simple, fabriqua une série d'instruments médicaux et donna des cours au personnel médical local.

Avant de partir, il donna une partie de ses effets personnels aux blessés.

Le 7 juin 1938, l'équipe de Bethune traversa le fleuve Jaune pour arriver dans le district Lanxian de la province du Shanxi où cantonnait la 120e Division et cette équipe médicale fut accueillie chaleureusement par le général de division He Long, le commissaire politique Guan Xiangying, le vice-général de division Xiao Ke et le chef d'état-major Zhou Shidi.

Le 17 juin 1938, Bethune et son équipe médicale rompirent le blocus imposé le long de la ligne ferroviaire Datong-Puzhou, traversèrent le fleuve Hutuo et arrivèrent enfin à Jingangku, village dans le Mont Wutai, où se trouvait le quartier général de la région militaire Jin-Cha-Ji. Ils furent accueillis chaleureusement par le commandant en chef Nie Rongzhen et des résidents et des soldats locaux.

1938 年 5 月 2 日，白求恩从延安出发，赴晋察冀前线。

On May 2nd 1938, Bethune set out from Yan'an for the Jin-Cha-Ji front line.

En 2 de mayo de 1938, Bethune se marchó de Yan'an hacia el frente de Shanxi-Chahar-Hebei.

Le 2 mai 1938, Bethune est parti de Yan'an pour se diverger vers la ligne de front Jin-Cha-Ji (Shanxi- Chahar-Hebei).

白求恩与八路军战士在黄河边上

Bethune with ERA's soldiers on the bank of the Yellow River

Bethune y combatientes del Octavo Ejército al lado del río Amarillo

Bethune et les soldats de la 8e armée de route au bord du fleuve Jaune

白求恩到贺加川后给延安写报告

Bethune writing a report to Yan'an after arriving at Hejiachuan

Bethune escribiendo informe para Yan'an después de llegar a Hejiachuan

Arrivé au village Hejiachuan, Bethune rédigeant un rapport aux autorités de Yan'an

渡黄河（绘画作者：许　勇）

Crossing the Yellow River (by Xu Yong)

Cruzando el río Amarillo (por Xu Yong)

Traverser le fleuve Jaune (par Xiu Yong)

1938 年 5 月，白求恩（左）、布朗（右）与 120 师贺龙师长在山西岚县。

In May 1938, Bethune (left), Brown (right) and the 120 Division Commander, He Long (middle), in Lan County, Shanxi Province.

En mayo de 1938, Bethune (izquierda), Brown (derecha) y He Long, jefe de la División 120 en Lanxian, provincia de Shanxi.

En mai 1938, Bethune (à gauche), Brown (à droite) et He Long, commandement de la 120e Division, dans le district Lanxian de la province du Shanxi.

穿越封锁线（绘画作者：董辰生）

Crossing Enemy's Blockade Line (by Dong Chensheng)

Cruzando el bloqueo (por Dong Chensheng)

Rompre le blocus (par Dong Chensheng)

1938 年 6 月中旬，白求恩到达晋察冀军区司令部山西省五台县金刚库村，受到边区军民的热烈欢迎。

In mid-June of 1938, Bethume arrived at the Headquarters of Jin-Cha-Ji Militang Region and received a warm welcome by the army and the local people.

A mediados de junio de 1938, Bethune llegó a la aldea Jingangku del distrito Wutai, provincia de Shanxi, lugar de acantonamiento del cuartel general de la región militar Jin-Cha-Ji, y recibió una acogida calurosa por parte de soldados y civiles.

Au milieu du mois de juin de 1938, Bethune est arrivé à Jingangku, village dans le Mont Wutai, où se trouvait le quartier général de la région militaire Jin-Cha-Ji, et il a reçu un accueil chaleureux par l'armée et les résidents locaux.

1938 年 6 月中旬，白求恩到达晋察冀军区司令部山西省五台县金刚库村，聂荣臻司令员（中）会见白求恩，并聘请他为军区卫生部顾问。

In mid-June of 1938, Bethune arrived at the Liaison Office of the Headquarters of Jin-Cha-Ji Military Region in Jingangku Village, Wutai County, Shanxi Province. Commander-in-chief Nie Rongzhen (in the middle) met with him and made him Medical Advisor of the Military Region.

A mediados de junio de 1938, Bethune llegó a la aldea Jingangku del distrito Wutai, provincia de Shanxi, lugar de acantonamiento del cuartel general de la región militar Jin-Cha-Ji. El general Nie Rongzhen (centro) se le unió y lo contrató como consejero de sanidad de esta región militar.

Au milieu du mois de juin de 1938, Bethune est arrivé à Jingangku, village dans le Mont Wutai, où se trouvait le quartier général de la région militaire Jin-Cha-Ji et il a été nommé conseiller sanitaire par le commandant en chef Nie Rongzhen (au centre).

"要拿我当一挺机关枪使用"

6月18日上午，在晋察冀军区卫生部叶青山部长陪同下，白求恩来到晋察冀军区后方医院驻地五台县松岩口村。他急切地问："医院在哪儿？伤员在什么地方？"叶部长劝他先休息一会儿再去看伤员。他却严肃地说："我是来工作的，不是来休息的。你们不要拿我当古董，要拿我当一挺机关枪使用！"

第一个星期，白求恩就为五百二十一名伤员做了检查。在后来的一个月里，他和布朗医生为一百四十七名伤员施行了手术。由于后方医院分布在约六十平方公里的山区，伤员分散安置在老百姓家里，所以白求恩每天至少要步行十来公里山路。后来他又到冀西八路军各医院巡回医疗，其间为颅骨骨折的三分区团长朱良检做手术，并亲自进行护理。

为了照顾白求恩的身体和生活，毛泽东特别批准给他每月一百元津贴。白求恩坚决谢绝这种待遇。他说："我是来支援中国民族解放的，我要钱做什么？我要穿得好、吃得好，就在加拿大，不来中国了。"

"Take Me as a Machine Gun "

On the morning of June 18th 1938, Bethune was accompanied by the Minister of Health of the Military Qegion, Ye Qingshan, to Songyankou Village in Wutai County, where the base hospital was located. As soon as they arrived there, Bethune eagerly enquired, "Where is the hospital? Where are the wounded?" Minister Ye suggested that he take some rest before working, but he said firmly, "I am here to work, not to rest. You should take me as a machine gun instead of a vase of Ming Dynasty !"

In the first week alone, Bethune had already diagnosed 521 wounded soldiers. Within a month afterwards, he had performed, jointly with Doctor Brown, 147 operations. Since the base hospital was located in the mountain area with medical units distributed over an area of over 60 square km and the wounded were kept in local residents' homes, Bethune had to walk at least 10 miles in the mountains every day. Later he went on a medical tour to the many ERA's military hospitals in Western Hebei Province, during which he operated on the third Sub-District Regiment commander, Zhu Liangjian, who was suffering from a skull fracture. Bethune took care of him personally.

In order to guarantee Bethune's health and daily life, Mao Zedong issued a special order to offer him a salary of 100 yuan each month, but Bethune resolutely declined it. He said, "I'm here to support China's national liberation. What do I need the money for? If I preferred nice clothes and better food, I would have stayed in Canada."

Úseme como una ametralladora

El 18 de junio por la mañana, acompañado por Ye Qingshan, ministro de Salud de la región militar Jinchaji, Bethune fue a la aldea de Songyankou del distrito Wutai, acantonamiento del hospital trasero de Jinchaji. Allí preguntó ansiosamente : "¿Dónde está el hospital?" "¿Dónde están los heridos?". El ministro Ye le aconsejó descansar un rato para después ir a ver a los heridos. Pero Bethune se negó rotundamente : "Yo vengo a trabajar no a descansar, no me considere como una antigüedad, ¡úsceme como una ametralladora!".

Tan sólo durante la primera semana, Bethune examinó a 521 heridos. En el mes siguiente, él y el doctor Brown hicieron operaciones a 147 heridos. Debido a que los hospitales traseros estaban distribuidos entre la zona montañosa en un área de alrededor de 60 kilometros, los heridos se encontraban dispersos por toda esta zona, por eso, Bethune debió caminar por lo menos 10 kilometros para prestarles ayuda. Más tarde, realizó una gira de tratamiento médico por los hospitales del Octavo Ejército del Oeste de Hebei, durante la cual operó a Zhu Liangjian, jefe del regimiento de la tercera zona, quien sufría una fractura decráneo, y después le cuidó personalmente durante su convalecencia.

A fin de proteger la vida de Bethune, Mao Zedong aprobó un subsidio especial de 100 yuanes que debía ser entregado al médico mensualmente, pero Bethune lo rechazó diciendo: "Vengo a China para ayudar a la liberación del pubelo chino, ¿cómo puedo ayudar si recibo dinero?, si quisiera vivir cómodamente y comer bien, me hubiera quedado en Canadá en vez de venir a China."

« Mettez-moi à profit comme une mitrailleuse »

Pendant le matin du 18 juillet, accompagné par Ye Qingshan, ministre de la Santé de la région militaire Jin-Cha-Ji, Bethune vint à Songyankou, un village dans le district de Wutai où se trouvait l'hôpital de base. Dès son arrivée, Bethune demanda impatiemment « Où est l'hôpital ? Où sont les blessés ? » M. Ye lui proposa de se reposer un peu avant d'examiner les blessés, mais il insista pour dire que « Je suis venu ici pour travailler, non pas pour me reposer. Il ne faut pas que vous me traitiez comme une antiquité, vous devez me mettre à profit comme une mitrailleuse ».

Lors de la première semaine, Bethune examina un total de 521 blessés. Pendant le mois suivant, il opéra, avec Richard Brown, chirurgien d'expérience et missionnaire anglican canadien, 147 blessés. Comme cet hôpital de base occupait une superficie d'environ 60 mètres carrés dans la zone montagneuse, et que les blessés habitaient chez les résidents locaux, Bethune dut parcourir chaque jour plus de 10 kilomètres de route de montagne. Il effectua plus tard une tournée dans les hôpitaux de l'Armée de la 8e route de Ji-Xi (ouest du Shanxi) et pendant ce temps, il mena une opération pour Zhu Liangjian, chef du 3e Régiment de cette division, victime d'une fracture crânienne. Bethune prit soin en personne de ce blessé.

En vue de s'occuper de la santé et de la vie de Bethune, Mao Zedong décréta exceptionnellement une subvention mensuelle de 100 yuans. Cependant Bethune refusa fermement cette faveur en martelant que « Je suis venu ici pour soutenir la libération de la nation chinoise, à quoi sert cette somme d'argent ? Si je veux bien m'habiller et me nourrir bien, je resterais au Canada au lieu de venir en Chine ».

白求恩骑着聂荣臻司令员赠送的白马，踏遍了晋东、冀西山区和冀中平原。

On a white horse given as a gift from Commander Nie, Bethune travelled over the east of Shanxi Province, the west mountain areas and the middle plains of Hebei Province.

Cabalgando el caballo blanco que le regaló el comandante Nie Rongzhen, Bethune viajó por las regiones montañosas de este y oeste de la provincia de Shanxi y las llanuras en medio de esta provincia.

À dos de cheval de couleur blanche, offert par le commandant en chef Nie Rongzhen, Bethune a parcouru les régions montagneuses dans l'est de la province du Shanxi, dans l'ouest de la province du Hebei et la plaine dans le centre de la province du Hebei.

白求恩与布朗一同赴前线

Bethune went to the front line with the American physician Brown

Bethune y el doctor Brown de Estados Unidos van al frente juntos

Bethune est allé au front avec le médecin américain Brown

白求恩来到晋察冀后的第一个星期就为五百二十一名伤员进行了检查

Bethune diagnosed 521 wounded soldiers in the first week after arriving at the Jin-Cha-Ji border area

Bethune examinó a 521 heridos durante su primera semana en la región fronteriza de Shanxi-Chahar-Hebei

Pendant la première semaine depuis son arrivée dans la région militaire Jin-Cha-Ji, Bethune a examiné un total de 521 soldats blessés

白求恩给八路军医务人员和指战员讲演

Bethune giving a lecture for the ERA's medical staff and commanders

Bethune dando un discurso al personal médico, oficiales y soldados del Octavo Ejército

Bethune donnant un discours devant le personnel médical et le commandant de la 8e armée de route

战斗在长城内外（绘画作者：姚治华）

Fighting along the Great Wall (by Yao Zhihua)

Luchando a lo largo de la Gran Muralla (por Yao Zhihua)

Combattre le long de la Grande Muraille (par Yao Zhihua)

白求恩为伤员作检查，并指导伤员康复训练。

Bethune examining the wounded and instructing the wounded on rehabilitation training.

Bethune diagnosticando al herido, Bethune guía al herido en su rehabilitación.

Bethune examinant un blessé et aidant des blessés à faire des exercices de réhabilitation.

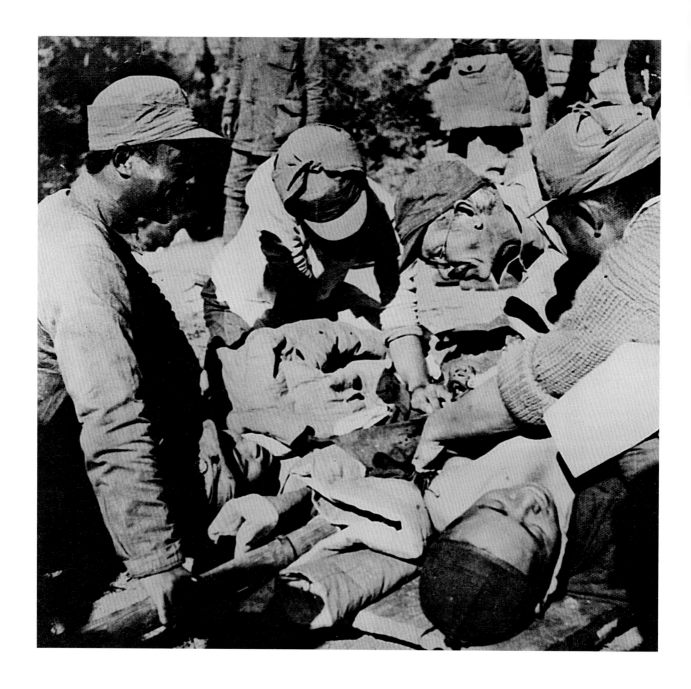

1938 年 8 月，白求恩在冀西巡回医疗，检查救治伤员，并为重伤员献血。

In August 1938, Bethune went on a medical tour in the western region of Hebei Province, rescuing wounded soldiers and donating blood for them.

En agosto de 1938, Bethune hizo rondas médicas en el oeste de la provincia de Hebei para diagnosticar a los heridos y donar sangre a los más graves.

En août 1938, lors de sa tournée médicale dans la région Ji-Xi (ouest du Hebei), Bethune soignant les blessés et faisant un don de sang pour les soldats gravement blessés.

1938 年夏，白求恩和布朗及后方医院医务人员在一起。

In summer of 1938, Bethune with Dr. Brown and other medical staff of the base hospital.

En verano de 1938, Bethune junto con el doctor Brown de Estados Unidos y el personal médico de la retaguardia.

En été de 1938, Bethune avec le médecin américain Brown et le personnel médical de l'hôpital de base.

◀ 白求恩（左）与布朗（右）、汉森合影。

Bethune (left), Brown (right) and Hanson.

Bethune (izquierda), Brown (derecha) y Hanson.

Bethune (à gauche), Richard Brown (à droite) et Hanson.

1938 年 8 月 6 日，白求恩（右）与英国友人林迈可（中）在晋察冀军区司令部。

On Auguest 6th, 1938, Bethune with his English friend Mike Lin (middle) at JCJ Headgwarfers.

El 6 de agosto de 1938, Bethune (derecha) y su amigo británico Mike Lin (centro) en el acantonamiento del cuartel general de la región militar Jin-Cha-Ji.

Le 6 août 1938, Bethune (à droite) avec son ami britannique Mike Lin (au centre) dans le quartier général de la région militaire Jin-Cha-Ji.

白求恩（前）陪同英国友人林迈可（后）到后方医院考察

Bethune and Mike Lin on a medical tour of the rear hospital

Bethune (frente) acompañó a su amigo británico Mike Lin (atrás) para inspeccionar el hospital de retaguardia

Bethune (devant) avec son ami britannique Mike Lin (derrière) en route pour une inspection de l'hôpital de base

白求恩大夫在巡诊途中（绘画作者：葛鹏仁）

Dr. Bethune on a medical tour (by Ge Pengren)

Doctor Bethune en las rondas (por Ge Pengren)

Dr Bethune en route pour des consultations médicales (par Ge Pengren)

给群众看病（雕塑作者：苏　晖　时　宜）

Treating the local villagers (by Su Hui and Shi Yi)

Tratanado al pueblo (por Su Hui, Shi Yi)

Soigner les résidents locaux (par Su Hui, Shi Yi)

重返前线（雕塑作者：关　竞　于世松）

Returning to the front (by Guan Jing and Yu Shisong)

Volver al frente (por Guan Jing, Yu Shisong)

Rentrer à la ligne de front (par Guang Jing, Yu Shisong)

209

创建模范医院

为改善边区医疗条件，培训医务人员，白求恩建议在五台县松岩口村办一所示范性医院。

得到聂荣臻和毛泽东批准后，松岩口这个小山村立即活跃起来。从 1938 年 8 月 1 日开始至 9 月 5 日，白求恩亲自设计，亲自组织，掀起一个建院活动热潮，聂司令员也赶来参加劳动。经过五个星期的努力，创办了根据地第一所比较正规的医院——模范医院。

1938 年 9 月 15 日，两千余边区军民参加了模范医院落成典礼，聂荣臻与白求恩分别发表了演讲。

白求恩说："你们不要以为奇怪，为什么在三万里以外、地球的那一边的像我这样的人要帮助你们。你们和我们都是国际主义者，没有任何种族、肤色、语言、国家的界限能把我们分开。法西斯们在威胁世界和平，我们必须击败他们。"白求恩还讲道："一个医生，一个护士，一个招呼（护理）员的责任是什么？只有一个责任，就是使你的病人快乐，帮助他们恢复健康，恢复力量。你必须把每一个病人看作是你的兄弟、你的父亲。在一切事情中，要把他们放在最前头。倘若你不把他们看得重于自己，那么你就不配在卫生部门工作，其实，也简直就不配在八路军里工作。"

白求恩的讲话引起边区军民阵阵掌声。

Establishment of the Model Hospital

For the purpose of improving the medical condition and the medical workers' training in the border region, Bethune proposed to build a demonstration hospital in Songyankou Village, Wutai County.

The proposal was approved by Nie Rongzhen and Mao Zedong. The whole mountain village was excited about the news. From August 1st to September 5th 1938, Bethune personally designed and organized the construction of the hospital, which had attracted many to come to help, including Commander Nie Rongzhen himself. With five weeks of hard work, the first formal hospital – a model hospital in the military base – was established.

Over 2,000 soldiers and local people in the border area attended the hospital's dedication ceremony on September 15th 1938. Commander Nie Rongzhen and Bethune each made a speech at the ceremony.

Bethune remarked, "Do not feel surprised how someone like me living thirty thousands miles away on the other side of the earth would come to help you. We are all followers of internationalism. No boundaries of race, color, language or nationality can divide us. Fascism is now threatening the peace of the world and we must defeat them." He also said that, "What are the responsibilities of a doctor, a nurse and a health care staff? The only answer is to make your patients happy, helping them recover and regain strength. You must see each patient as your own brother or sister and put his or her needs as your priority. If you can't put them ahead of your own needs, you don't deserve to work in the medical department. In fact, you are not worthy of working for the ERA at all."

His speech won bursts of applause from the audience.

Fundación del Hospital Modelo

Para mejorar las condiciones médicas de la frontera y formar personal médico, Bethune sugirió fundar un hospital modelo en la aldea de Songyankou, en el distrito Wutai.

Después de obtener la aprobación de Nie Rongzhen y Mao Zedong, la pequeña aldea de Songyankou estaba lista para recibir al médico. De principios de agosto al 5 de septiembre de 1938, Bethune diseñó y organizó personalmente la contrucción del hospital, con la activa participación del comandante Nie. Tras cinco semanas de duros trabajos, finalmente el primer hospital formal de la base fue inaugurado.

El 15 de septiembre de 1938, más de 2000 civiles y soldados participaron en la ceremonia de inauguración del hospital, Nie Rongzhen y Bethune pronunciaron discursos.

Bethune dijo: " No creen que es extraño, ¿por qué alguien como yo, que vive más allá de 15 mil kilómetros, casi en el otro lado de la tierra viene a ayudarles? Es que ustedes y yo somos internacionalistas, no nos separaremos por razas, colores, idomas ni fronteras. Los fascistas están amenazando la paz mundial, y tenemos que derrotarles."
Luego añadió: "¿Cuál es la responsabilidad de un médico con sus enfermeros? Sólo una: hacerlos felices; ayudarles a recuperar la salud y restaurar la fuerza. Tiene que considerar a cada enfermo como su propio hermano o su padre y darle prioridad por sobre todas las cosas. Si no le considera más importante que a sí mismo, no merece a trabajar en los sectores de la salud, de hecho, simplemente no merece trabajar en el Octavo Ejército."

Y el discurso de Bethune provocó cálidos aplausos de soldados y civiles.

Créer l'hôpital modèle

En vue d'améliorer les conditions des soins médicaux et de former le personnel médical local, Bethune proposa de créer un hôpital modèle dans le village Songyankou du district de Wutai.

Après avoir obtenu l'approbation de Nie Rongzhen et de Mao Zedong, les résidents locaux de ce petit village reculé se lancèrent immédiatement dans la construction de cet hôpital attendu. À partir du 1er août de 1938 au 5 juillet, Bethune planifia et supervisa en personne la construction de son hôpital modèle, faisant déferler une vague de participation à la construction de cet hôpital. Même le commandant en chef Nie Rongzhen vint contribuer à la construction de cet hôpital. À l'issue de cinq semaines d'efforts, le premier hôpital relativement standard de cette base militaire, l'hôpital modèle, vit le jour.

Le 15 septembre 1938, plus de 2000 soldats et résidents locaux participèrent à la cérémonie d'inauguration de cet hôpital modèle lors de laquelle Nie Rongzhen et Bethune prononcèrent respectivement leurs discours.

Bethune déclara que « Ne pensez pas qu'il est étrange que des gens venus de l'autre côté du globe, à des milliers kilomètres d'ici, des gens comme moi, veuillent vous aider. Nous sommes tous les internationalistes et aucun limite de race, de couleur de peau, de langue et de pays pourrait nous séparer. Les fascistes menacent la paix mondiale et il faut que nous les vainquions », avant d'ajouter que « Quel est la responsabilité d'un médecin, d'une infirmière et d'un aide-soignant ? Vous avez une seule responsabilité à endosser, c'est de ravir votre patient, aider votre patient à rétablir la santé et à se mettre en forme. Vous devez considérer chaque patient comme votre frère et votre père. Il faut que vous donniez priorité à vos patients. Si vous attachez plus d'importance à vous-même qu'à vos patients, alors vous ne méritez pas de travailler dans les départements sanitaires. Et en effet, vous ne méritez pas même de travailler dans l'Armée de la 8e route ».

Le discours de Bethune déclencha un tonnerre d'applaudissement venant des habitants et des soldats de cette région frontière.

筹建模范医院（绘画作者：姚治华）

Preparing for the establishment of the "Model Hospital" (by Yao Zhihua)

Durante los preparativos para construir el Hospital Modelo (por Yao Zhihua)

Préparer pour la mise en place de l'hôpital modèle (par Yao Zhihua)

1938 年 9 月 15 日，白求恩在晋察冀军区模范医院开幕典礼上讲话。

On September 15th 1938, Bethune gave a speech at the opening ceremony of the Model Hospital of Jin-Cha-Ji Military Region.

El 15 de septiembre de 1938, Bethune dio un discurso en la ceremonia de inauguración del Hospital Modelo de la región militar Jin-Cha-Ji. Este hospital se encargaba principalmente de la demostración de la enseñanza clínica.

Bethune prononçant une allocution à la cérémonie d'inauguration de son hôpital modèle dans la région militaire Jin-Cha-Ji, le 15 septembre 1938.

白求恩（右三）与模范医院医务人员及八路军指战员在一起

Norman Bethune (third on the right) with medical workers of the model hospital, ERA commanders and soldiers.

Norman Bethune (tercero a la derecha) con los trabajadores médicos, comandantes y soladados del Hospital Modelo.

Bethune (3e à droite) avec le personnel médical de l'hôpital modèle et le commandant de la 8e armée de route.

松岩口模范医院旧址

The original site of the Songyankou Model Hospital

Sitio del Hospital Modelo en Songyankou

L'ancien site de l'hôpital modèle à Songyankou

白求恩在模范医院给学员做示范手术（一）

Bethune demonstrating an operation for students in the model hospital

Bethune demostrando una operación para los estudiantes en el Hospital Modelo

Bethune enseignant tout en opérant sur place des soldats blessés

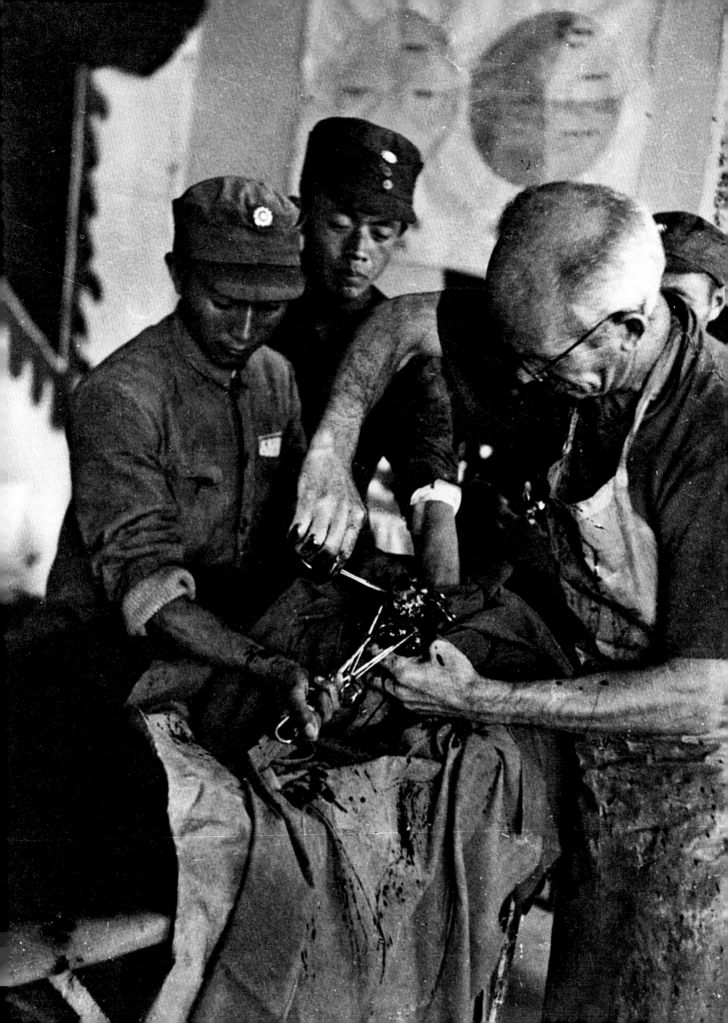

白求恩在模范医院给学员做示范手术（三）

Bethune demonstrating an operation for students in the model hospital

Bethune demostrando una operación para los estudiantes en el Hospital Modelo

Bethune enseignant tout en opérant sur place des soldats blessés

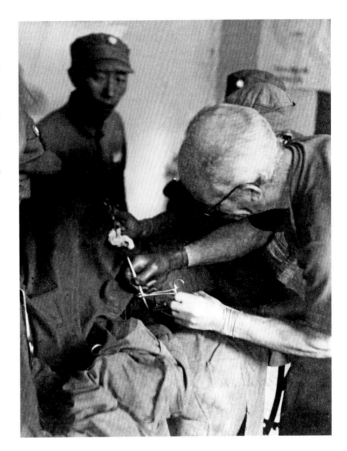

◀ 白求恩在模范医院给学员做示范手术（二）

Bethune demonstrating an operation for students in the model hospital

Bethune demostrando una operación para los estudiantes en el Hospital Modelo

Bethune enseignant tout en opérant sur place des soldats blessés

白求恩在模范医院手术室

Bethune in the model hospital operating room

Bethune en la sala de operación del Hopital Modelo

Bethune dans la salle d'opération de l'hôpital modèle

▶ 模范医院开幕典礼后，白求恩与晋察冀边区领导合影。

Bethune with Jin-Cha-Ji border region government leaders after the model hospital opening ceremony.

Después de la ceremonia de inauguración del Hospital Modelo, Bethune tomó esta foto con los líderes de la región militar de Jin-Cha-Ji.

Bethune avec les dirigeants du gouvernement de la région frontière Jin-Cha-Ji, après la cérémonie d'inauguration de l'hôpital modèle.

白求恩（右）与聂荣臻（中）、翻译董越千在一起。

Norman Bethune (right) with Nie Rongzhen (middle) and translator Dong Yueqian.

Bethune (a la derecha) junto con Nie Rongzhen (en medio) y el intérprete Dong Yueqian.

Bethune (à droite) avec Nie Rongzhen (au centre) et l'interprète Dong Yueqian.

战斗在最前线

1938 年 9 月下旬，日军对五台山地区发动秋季大"扫荡"，刚刚建立起来的模范医院被日军摧毁。这使白求恩意识到，在游击战争环境里，创办正规医院是不现实的。

1938 年 9 月 28 日，白求恩率医疗队参加了平山县洪子店战斗，为六十多名伤员进行了手术及检查治疗。

1938 年 11 月 28 日凌晨，白求恩接到 120 师 359 旅旅长王震请求支援晋西北广灵公路伏击战的急信，他很快率医疗队出发。经过六十多公里的急行军，于当晚 11 时来到了 359 旅司令部。第二天，白求恩率医疗队把急救站设在离前线不远的一座小庙里。在敌机轮番轰炸和激烈的枪炮声中，白求恩连续工作四十多个小时，做了七十一例手术。

12 月 8 日，白求恩针对广灵伏击战救治伤员中的问题致信聂司令员，建议每个旅建立一个流动医疗队，并把团以下部队卫生人员集中起来举行战地医疗救治培训，取名"特种外科实习周"。聂司令员很快批准。在实习周里，白求恩亲自授课、做示范、指导练习，培养了一批战地救治骨干。

1938 年 12 月底，白求恩在山西省灵丘县杨家庄筹建了"特种外科医院"。

同时，由他倡议及带头献血，成立了晋察冀军区第一支"群众志愿输血队"，白求恩称之为"人民血液银行"。

白求恩曾多次为八路军伤员献血。

Fighting on the Frontline

In the second half of September 1938, the Japanese army started the autumn "mopping-up" operations against the Wutai Mountain area, where the newly built hospital was completely destroyed. This made Bethune realize how impractical it was to build a formal hospital in the context of guerrilla warfare.

On September 28th 1938, Bethune joined in the battle with his fellow medical group members in Hongzidian, Pingshan County, and offered timely treatments and performed operations on over 60 injured soldiers.

Bethune received an emergency message before dawn on November 28th 1939 from the 359 Brigade Commander of the 120 Division, requesting his immediate medical backup for the Guangling Highway ambush battle in northwest Shanxi Province. He set out at once with the medical group and, after over 60 miles' rapid travel, arrived at the 359 Brigade headquarters at 11 a.m. on the same day. On the very next day, Bethune set up an emergency medical unit in a small temple near the frontline. Under heavy bombings and intense firefight, he continued working for more than 40 hours and successfully performed 71 operations.

Bethune wrote to Commander Nie on December 8th in regard to issues about the casualty rescue in the Guangling ambush battle, suggesting forming a mobile medical service unit in each brigade and proposing to organize a one-week emergency training for field rescue for all medical staff under the regiment level. He named the training the "Special Surgical Practice Week". Commander Nie approved his proposal at once. In the practice week, Bethune personally taught and demonstrated the field rescue techniques to the students as detailed as possible and provided full guidance on practice methods. The training successfully trained a group of excellent field medical staff.

At the end of December 1938, Bethune planned and built a "Special Surgical Hospital" in Yangjiazhuang, Ling'qiu County, Shanxi Province. At the same time, he called for volunteer blood donations and took the lead to make the first donation himself. Soon the very first group of volunteers for blood donation was formed and Bethune named it the "People's Blood Bank".

All through his time in China, Bethune made quite a few blood donations to the ERA soldiers.

Luchar en el frente

A finales de septiembre de 1938, el ejército japonés lanzó una gran operación llamada "limpieza del otoño" en la zona de Wutaishan, en que destruyó el hospital modelo recién construido. Esto hizo a Bethune cobrar conciencia de que no era realista fundar un hospital normal en el entorno de la guerra de guerrillas.

El 28 de septiembre de 1938, Bethune dirigió al equipo médico a participar en la batalla Hongzidian en distrito Pingshan, donde sirvió a más de 60 heridos con revisiones, tratamiento y operaciones.

El 28 de noviembre de 1938 por la madrugada, Bethune recibió una carta urgente de Wang Zheng, general de Brigada 359 de la División 120, con petición de apoyo a la batalla de emboscada del distrito de Guangling, en la provincia de Shanxi. Bethune partió dirigiendo al equipo médico. Luego de avanzar a marchas forzadas por más de 60 kilómetros, los médicos llegaron esa misma noche al cuartel general de la Brigada 359. Al día siguiente, Bethune estableció una estación de primeros auxilios en un pequeño templo muy cercano al frente. Durante el bombardeo feroz por parte del enemigo, Bethune trabajó por más de 40 horas y realizó 71 operaciones para los heridos.

El 8 de diciembre, Bethune envió una carta al comandante Nie donde le contaba con detalle cómo había sido el tratamiento de los heridos en la batalla de emboscada del distrito Guangling, y le recomendaba que cada brigada estableciera un equipo médico móvil, además, de unir a los equipos sanitarios de los ejércitos bajo el rango de regimiento para capacitarlos sobre cómo debían tratar a los heridos en el campo de batalla.

Luego de la aprobación del comandante Nie, se organizó la Semana Especial de la práctica quirúrgica, durante la cual, Bethune enseñó personalmente y formó un grupo de miembros claves para el tratamiento en campo.

A finales de diciembre de 1938, Bethune se preparó para construir el "Hospital Quirúrgico Especial" en la aldea de Yangjiazhuang del distrito Lingqiu, en la provincia de Shanxi. Además, organizó el primer grupo de de voluntarios de tranfusión sanguinea al que llamó "Banco de sangre de la gente".

Bethune donó sangre varias veces para los heridos del Octavo Ejército.

Combattre en première ligne

A la fin septembre de l'année 1938, l'armée japonaise effectua une opération automnale de ratissage de grande envergure dans la région du Mont Wutai lors de laquelle l'hôpital modèle nouvellement construit fut détruit par les agresseurs japonais. Bethune se rendit alors compte que, dans cette zone de guérilla, il n'était pas réaliste de mettre en place un hôpital régulier.

Le 28 septembre 1938, Bethune et son équipe médicale s'engagèrent dans le combat qui eut lieu dans le village Hongzidian, du district de Pingshan en examinant et en opérant plus de 60 soldats blessés.

À l'aube du 28 novembre 1939, Bethune reçut une lettre d'urgence envoyée par Wang Zheng, général de la 359e Brigade de la 120e Division, demandant une assistance pour les embuscades sur les routes de Guangling, dans le nord-ouest de la province du Shanxi. Bethune se mit en route immédiatement avec son équipe médicale et après une marche forcée de plus de 60 kilomètres, ils arrivèrent à environ 11 heures du soir au quartier général de la 359e Brigade. Le lendemain, Bethune mit en place, avec l'aide de son équipe, un poste de secours dans un temple qui n'était pas loin de la ligne de front. Sous un bombardement d'artillerie intense et continu, Bethune effectua sans interruption un total de 71 opérations en seulement une quarantaine d'heures.

Le 8 décembre, Bethune rédigea une lettre au commandant en chef Nie Rongzhen dans laquelle il résuma les problèmes dans le traitement médical des blessés des embuscades de Guangling et proposa de mettre en service une unité médicale mobile pour chaque brigade. Il fit une autre proposition qu'il nomma « Semaine de stage de chirurgie spéciale », qui visait à réunir le personnel médical des unités militaires aux niveaux inférieurs à celui du régiment dans l'objectif de les former dans le domaine du traitement médical sur le champ de bataille. Cette proposition fut très rapidement ratifiée par le commandant en chef Nie. Au cours de ce stage d'une semaine, Bethune se consacra à l'enseignement des cours, aux démonstrations et aux supervisions des exercices, formant ainsi une série de personnel médical important et expérimenté en matière de traitement médical sur le champ de bataille.

À la fin décembre 1938, Bethune mit sur pied un hôpital chirurgical spécial dans le village Yangjiazhuang, du district Linqiu de la province du Shanxi.

Pendant ce temps, sous l'initiative de Bethune, la région militaire Jin-Cha-Ji organisa le premier groupe de donneurs volontaires du sang, nommé « Banque de sang du peuple » par Bethune, afin d'assurer la transfusion sanguine.

Bethune donna du sang à maintes reprises aux blessés de la 8e armée de route.

白求恩下部队巡诊（一）

Bethune on a medical tour

Bethune realiza una ronda en el ejército

Bethune rendant visite à l'armée pour examiner les soldats

白求恩下部队巡诊（二）

Bethune on a medical tour of the troops

Bethune realiza una ronda en el ejército

Bethune rendant visite à l'armée pour examiner les soldats

听诊检查

Performing stethoscopy on patients

La auscultación

L'auscultation et l'examen

1938 年 11 月，白求恩参加广灵伏击战战地救治。

In November 1938, Bethune took part in field rescue in the Guangling ambush battle.

En noviembre de 1938, Bethune tomó parte en el rescate del campo de batalla en Guangling.

En novembre 1938, Bethune participant à l'opération de traitement médical dédiée aux blessés des embuscades de Guangling.

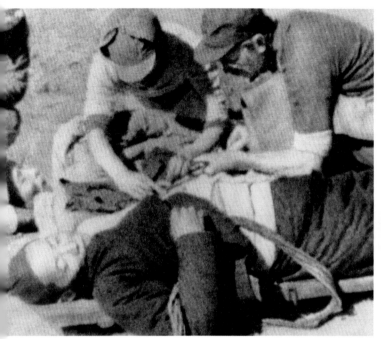

白求恩给伤员做手术

Bethune performing an operation on a wounded soldier

Bethune haciendo una operación a un herido

Bethune opérant un blessé

白求恩为伤员换药包扎

Bethune changing bandages and dressing for a wounded soldier

Bethune cambiando el vendaje a un soldado herido

Bethune changeant le pansement pour un blessé

1938 年 12 月，白求恩与 359 旅王震旅长亲切交谈。

Bethune talking with Wang Zhen, the Brigade Commander of the 359 Brigade in December of 1938.

En diciembre de 1938, Bethune conversó cordialmente con Wang Zhen, comandante de la Brigada 359.

En décembre 1938, Bethune causant amicalement avec le brigadier-général Wang Zhen de la 359e Brigade.

白求恩与参加"特种外科实习周"的八路军医务人员在一起

Bethune with students participating in the "Special Surgical Practice Week"

Bethune con el personal médico de Octavo Ejército de la "Semana de práctica de cirurgía especial".

Bethune ave les participants de la « Semaine de stage en chirurgie spéciale ».

深夜探望伤员（绘画作者：高　潮）

A night visit to injured soldiers (by Gao Chao)

Visita a los heridos a media noche (por Gao Chao)

Bethune visite un blessé en pleine nuit (par Gao Chao)

白求恩在特种外科医院为伤员治疗（绘画作者：张颂南）

Treating patients in a special surgical hospital (by Zhang Songnan)

Tratando a los heridos en el hospital de cirugía especial (por Zhang Songnan)

Bethune soigne les blessés dans l'hôpital chirurgical spécial (par Zhang Songnan)

特种外科实习周（绘画作者：董辰生）

Special Surgical Practice Week (by Dong Chensheng)

Semana de práctica de cirugía especial (por Dong Chensheng)

La Semaine de stage de chirurgie spéciale (par Dong chensheng)

为了抢救伤员，白求恩大夫曾多次献出自己的鲜血（绘画作者：张明骥）。

Dr. Bethune donated his own blood to rescue the wounded on several occassions (by Zhang Mingji).

Para salvar a los heridos, el doctor Bethune donó varias veces su propio sangre (por Zhang Mingji).

En vue de sauver les blessés, Dr Bethune donne son sang à mainte reprises (par Zhang Mingji).

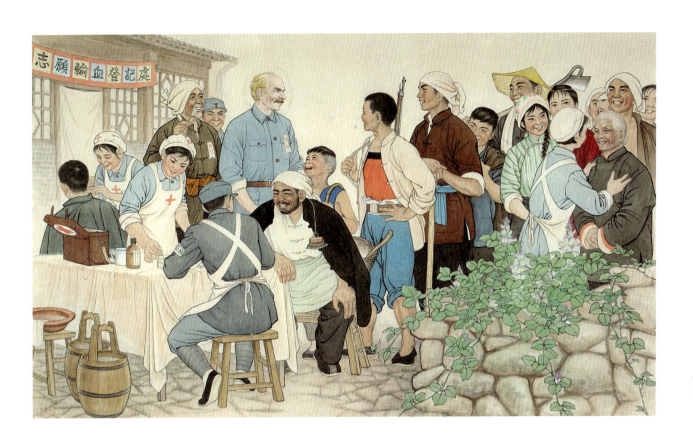

群众志愿输血队（绘画作者：周作民）

Blood donation volunteers (by Zhou Zuomin)

Grupo voluntario de donación de sangre (por Zhou Zuomin)

Le Groupe de donneurs volontaires du sang (par Zhou Zuomin)

杨庄特种外科医院旧址

The original site of Yangzhuang Special Surgical Hospital

Sitio del Hospital de cirugía especial en Yang Zhuang

L'ancien site de l'hôpital de chirurgie spéciale de Yangzhuang

参加冀中反"扫荡"

1938 年冬天，日军对冀中（河北省中部地区）抗日根据地发起历史上规模最大的"扫荡"。

奉延安命令，贺龙师长率 120 师一部赴冀中参加反"扫荡"。为配合 120 师作战，由白求恩率领的东征医疗队从唐县花塔村出发，穿过日军严密封锁的平汉铁路，奔向冀中。

白求恩率东征医疗队在冀中随部队转战四个月，先后参加了吕汉、大团丁、齐会、宋家庄等战斗，行程七百五十多公里，施行手术三百一十五次。其中，齐会战斗连续打了三天三夜，白求恩在离火线仅有二三公里的战地手术室连续工作六十九个小时，为一百一十五名伤员施行手术，手术成功率达百分之八十以上。

Participating in the Counter Campaign Against "Mopping-up" in Central Hebei Province

In the winter of 1938, the Japanese launched the largest scale "mopping-up" operations in history of Central Hebei base area of resistance against Japanese aggression.

Under the orders from Yan'an, Divisional Commander He Long led some troops of the 120 Division to join the counter campaign against the "mopping-up". In order to assist in the battle, Bethune led a medical team from Huata Village in Tang County. They passed through the heavily guarded defense line and made their way to Central Hebei. With fellow team members, he fought along with the army in one place after another for 4 months, providing medical support for critical battles including the ones in Lunhan, Datuanding, Qihui and Songjiazhuang. They travelled over 750 miles and conducted 315 operations. During the Qihui Battle, which lasted for 3 days and nights, Bethune worked non-stopping for 69 hours in a field operating room only about 2-3 miles away from the front line and performed 115 operations, with a success rate of over 80%.

Repeler la operación de limpieza en el centro de la provincia de Hebei

En el invierno de 1938, el ejército japonés lanzó la operación de limpieza más grande de la historia dirigida a exterminar las bases de apoyo contra el Japón asentadas en la zona central de la provincia de Hebei.

Bajo las órdenes de los diregentes en Yan'an, He Long, jefe de la división 120, dirigió el primer ejército para repeler la operación de limpieza en el centro de la provincia de Hebei. Bethune estaba a cargo de la coordinación de las operaciones militares, dirigiendo al "Equipo Médico de Expedición Oriental," que partió de la aldea de Huata, del distrito Tang, cruzando el ferrocarril Pinghan bloqueado hermáticamente por el ejército japonés, y llegó el centro de la provincia de Hebei.

Bethune dirigió su equipo médico acompañando por el ejército durante 4 meses y participó sucesivamente en las batallas en Lvhan, Datuanding, Qihui y Songjiazhuang, por mencionar sólo algunas. Durante un viaje de más de 750 kilómetros, realizó 315 operaciones.

Durante la batalla de Qihui, chinos y japoneses lucharon encarnizadamente durante tres días y noches consecutivas, y Bethune trabajó sin parar por 69 horas, realizando cirugías en 115 heridos, con una tasa de éxito de más del 80 por ciento.

Participer à l'opération anti-ratissage de Ji-Zhong

Pendant l'hiver de l'année 1938, les envahisseurs japonais lancèrent une opération de ratissage de plus grande envergure dans l'histoire contre la base révolutionnaire anti-japonaise Ji-Zhong (centre du Hebei).

Conformément à une ordonnance rendue par les autorités de Yan'an, le général He Long mena la 1er Unité de la 120e Division au combat contre cette opération de ratissage. En vue de soutenir l'armée dirigée par He Long, l'équipe médicale sous la direction de Bethune partit du village de Huata du district de Tangxian en traversant la ligne ferroviaire Beijing-Hankou bloquée strictement par l'armée japonaise pour se diriger vers la région militaire Ji-Zhong.

Bethune et son équipe médicale combattirent pendant 4 mois aux côtés de l'armée de He Long, et participèrent successivement aux combats de Lvhan, Datuanding, Qihui, Songjiazhuang etc, en parcourant plus de 750 kilomètres et en effectuant un total de 315 opérations. Lors de la guerre Qihui qui dura trois jours et trois nuits, Bethune arriva à opérer 115 personnes en 69 heures sans s'arrêter, dans une salle d'opération à deux ou trois kilomètres de la ligne de front sous le feu de l'artillerie. Plus de 80 % de ces opérations furent réussies.

1939 年 2 月，白求恩率东征医疗队到前线抢救伤员，雪里行军小憩。

In February of 1939, Bethune led the medical team to rescue the wounded at the front. He was taking a break after the march in the snow.

En febrero de 1939, Bethune junto con el "Equipo Médico de Expedición Oriental" fue a rescatar a los heridos en el frente. Aquí, tomando un descanso de la ardua marcha en la nieve.

En février 1939, Bethune a dirigé une équipe médicale vers la ligne de front pour sauver les blessés. Bethune se reposant après leur marche sous la neige.

1939年2月中旬至6月中旬，白求恩在冀中行程约七百五十公里，施行手术三百一十五例。

From February to June in 1939, Bethune travelled over 750 km in central Hebei Province and performed 315 operations.

De febrero a mediados de junio de 1939, Bethune viajó alrededor de 750 kilómetros a través de la provincia de Hebei, y realizó 315 operaciones.

Depuis le mi-février jusqu'au mi-juin de 1939, Bethune a parcouru plus de 750 kilomètres dans la région de Ji-Zhong (centre du Hebei) et a effectué 315 opérations.

▶ 踏雪巡诊遍太行（绘画作者：李连仲）

Paying Medical Visits In the Snow Around the Taihang Mountains (by Li Lianzhong)

Realizar rondas en el nieve (por Li Lianzhong)

Parcourir toute la région montagneuse Taihang sous la neige pour des consultations médicales (par Li Lianzhong)

白求恩率医疗队赴冀中参加战地
救护工作（绘画作者：许　勇）

Leading the Medical Team to
Central Hebei Province for
Battlefield Rescue (by Xu Yong)

Bethune lidera el equipo de
médicos al centro de Hebei para
un rescate en la zona de guerra
(por Xu Yong)

Bethune et son équipe médicale
font route vers la région Ji-
Zhong pour soigner au front des
soldats blessés (par Xu Yong)

时间就是生命（绘画作者：许 勇）

Time Is Life (by Xu Yong)

El tiempo es vida (por Xu Yong)

Le temps, c'est la vie (par Xu Yong)

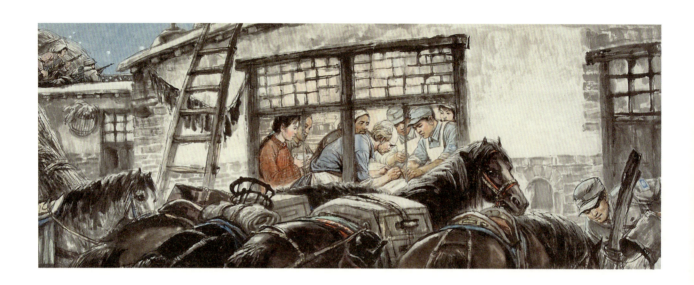

四公村脱险（绘画作者：许　勇）

A Narrow Escape From Sigong Village (by Xu Yong)

Escape de Sigongcun (por Xu Yong)

Hors de danger dans le village Sigongcun (par Xu Yong)

我们的白大夫（绘画作者：许　勇　白素兰）

Our Dear Doctor Bethune (by Xu yong and Bai Sulan)

Nuestro doctor Bethune (por Xu yong, Bai Sulan)

Notre Dr Bethune (par Xu Yong, Bai Sulan)

封锁线上救亲人（绘画作者：许 勇 王义胜）

Saving Dear Comrades On the Blockade Line (by Xu Yong and Wang Yisheng)

Salvar a los familiares en la línea de bloqueo (por Xu Yong, Wang Yisheng)

Sauver nos chers camarades en rompant le blocus militaire (par Xu Yong, Wang Yisheng)

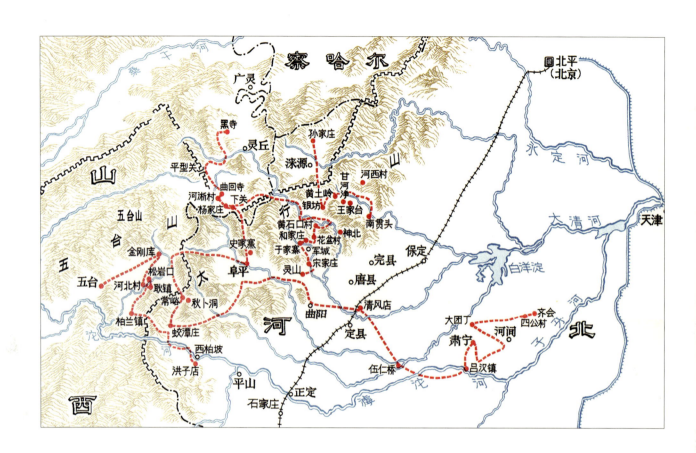

白求恩足迹遍布抗日前线

Bethune travelled to all the front lines

Por todos lados en los frentes se puede encontrar la huella de Bethune

Bethune parcourt toutes les lignes de front

因地制宜 创新工作

1939 年 6 月下旬，白求恩在和家庄养病。在此期间，他冒着炎热，不顾病痛，用了不到半个月时间，完成了《游击战争中师野战医院的组织和技术》一书的编写工作。

编写工作开始不久，他的右手中指生了瘰疬，又肿又痛，不方便打字，他便将患部切口放脓包扎好，继续坐到了打字机前。不久脚上也长了脓肿，上药后依然不见好转，他又切开排脓包扎好，接着干。

在晋察冀边区的一年多时间里，白求恩根据边区医疗卫生工作的实际，还先后撰写了《战地救护须知》《战伤治疗技术》《初步疗伤》《战地外科组织治疗方法草案》《消毒十三步》等二十多种医疗卫生教材，对培训医疗卫生骨干和加强边区卫生工作发挥了重要作用。

为适应游击战环境的医疗救治工作需要，白求恩做了许多探索和革新，因地制宜制作了许多就便医疗器材。其中，发明了"毕普"药膏，给伤员涂上后，即使在频繁转移中较长时间得不到换药机会，也能较好控制感染；还发明了形似驴驮子的医药器械箱，解决了巡回医疗和战地救护中药品器械不易运输和保管的问题，被形象地称为"卢沟桥"。

Innovation Adapted to Local Conditions

Bethune stayed in Hejiazhuang to recuperate in the latter part of June of 1939. Though in fever and pain, he still managed to complete compiling a book named The Organization and Techniques for the Divisional Field Hospital in Guerrilla Warfare within half a month.

Soon after he started writing, his middle finger of the contracted whitlow. Swollen and painful, the infected finger prevented him from typing, so he cut open the infected area to drain the pus and wrapped up the wound himself so as to continue working on the book. Not long after the infection of the finger, his feet grew abscesses too. Though ointment was applied, it didn't have much effect. Again Bethune performed a small surgery on himself to drain the pus and went on working as usual.

During his one-year stay in Jin-Cha-Ji border region, Bethune wrote over 20 kinds of teaching materials about medical care, including Field Ambulance Instructions, Techniques For Battle Injury Treatment, Basic Treatment For Injuries, Therapeutic Methods For Battlefield Surgical Organization and The Thirteen Steps of Disinfection. These books contributed greatly to the medical staff training and the enhancement of the border region's medical work.

In order to conduct efficient medical treatment in a guerrilla war context, Bethune did a lot of research and made several innovations. He made efficient use of what he could find locally to create useful medical equipment and instruments. The "Bipp" ointment he invented worked well in preventing wounds from getting infected even on long journeys where dressing change was not possible. Bethune also invented a type of medical kit shaped like a donkey pack, which solved the problem of transporting and managing of medicines and medical appliances in field rescue and on medical tours. Due to the similarity in shape, the kit was given the nickname "Marco Polo Bridge".

Adoptar medidas apropiadas a las circunstancias locales y trabajar con innovación

A finales de junio de 1939, tras largas jornadas de trabajo en el campo de batalla, Bethune se encontraba en un periodo de recuperación en la aldea de Hejiazhuang. A pesar del calor abrasador, el dolor y la enfermedad que lo aquejaba, Bethune aprovechó su estancia en Hejiazhuang para escribir su libro "Organización y Tecnología para el Hospital de Batalla Campal de División en una guerra de guerrillas" en menos de un mes.

Durante la redacción de su libro, el dedo medio de la mano derecha de Bethune sufrió una inflamación piógena en la yema que le provocaba mucho dolor e hinchazón, dificultándole enormemente escribir a máquina. Bethune cortó la parte afectada, limpió la pus, vendó la herida y siguió escribiendo. Esta manera de trabajar se volvió habitual para el médico, que realizó la misma práctica en su dedo varias veces.

Luego de haber pasado más de un año en la región fronteriza de Jin-Cha-Ji, Bethune escribió consecutivamente más de 20 libros de texto con base en su experiencia de trabajo médico y las condiciones de salud de esta región. "Aviso de ambulancia en el campo de batalla", "Terapias de heridas de guerra", "Curación inicial", "Organización de proyectos del tratamiento quirúrgico en el campo de batalla" y "Trece pasos de desinfección", se encuentran entre los manuales que escribió y que se convertirían en textos importantes para la formación de trabajadores médicos asociados con la realidad fronteriza.

Para adaptarse a la necesidad del trabajo del tratamiento médico en la guerra de guerrillas, Bethune hizo un sinnúmero de exploraciones e innovaciones y fabricó una serie de equipos médicos utilizando los materiales locales. Entre ellos, inventó el "ungüento Bip", que aplicaba a los heridos para controlar eficazmente las infecciones aunque no hubiera oportunidades para cambiar de apósito durante un largo tiempo debido a los desplazamientos frecuentes. También inventó un botiquín con forma como la caja de carga que era llevado a lomo de asno, así resolvió el problema de la dificultad de transportar y guardar los equipos médicos en el campos de batalla y durante sus desplazamientos. Y este invento fue conocido como "el puente Lugou".

Un travail d'innovation selon les conditions locales

Bethune se trouvait en convalescence dans le village Hejiazhuang pendant la dernière décade du mois de juin de 1939. Pendant ce temps, malgré la chaleur et la douleur, il finit au cours d'une quinzaine de jours le livre « Organisation et technologie des hôpitaux de campagne dans une guerre de guérilla ».

Peu après le commencement de la rédaction, Bethune attrapa le panaris sur son médius de la main droite. Ce panaris tuméfié lui fit beaucoup souffrir et lui empêcha de dactylographier, donc Bethune coupa le furoncle pour drainer le pus. Il banda la plaie et s'assit de nouveau devant la machine à écrire pour continuer la rédaction. Mais Bethune trouva peu après de nouvelles tuméfactions sur ses pieds et la situation ne s'améliorait pas malgré des médicaments. Bethune choisit donc de découper de nouveau les tuméfactions et se mit ensuite au travail.

Pendant son séjour plus d'une année dans la région frontière Jin-Cha-Ji, Bethune rédigea successivement, selon la situation réelle du travail de soins médicaux dans cette région frontière, une vingtaine de manuels de médecine, par exemple « Instructions sur le traitement médical sur le champ de bataille », « Techniques de traitement médical des blessures de combats », «Traitement préliminaire », « Méthode de traitement médical sur les blessures de combat» et « Treize étapes de désinfection », jouant un rôle important dans la formation des professionnels de santé d'élite et dans le renforcement du travail sanitaire de la région frontière.

Afin de répondre aux besoins de soins médicaux dans la condition de la guerre de guérilla, Bethune fit beaucoup de recherches et d'innovations qui lui permettaient d'inventer plusieurs instruments médicaux en tenant compte des conditions locales. Parmi tous ses inventions, il y eut une sorte de pommade nommée Bipu, qui pourrait empêcher l'infection de la plaie même si le blessé n'avait pas d'occasion de refaire son pansement au cas de déplacements fréquents. Il inventa également une trousse en bois, qui facilitait beaucoup le transport des médicaments et des approvisionnements. À cause de sa forme ressemblant à la trousse à dos d'âne, il la baptisa du nom chinois de « Lugou qiao » (pont Marco Polo).

1939 年 7 月，白求恩（前排左四）在河北省唐县和家庄与聂荣臻（前排左三）、孙毅（前排左五）等合影。

In July 1939, Bethune (the fourth on the left, front row) with Nie Rongzhen (the third on the left, front row) and Sun Yi (the fifth on the left, front row) in Hejiazhuang Village, Tang County, Hebei Province.

En julio de 1939, Bethune (cuatro a la izquierda en la primera línea) con Nie Rongzhen (tercero a la izquierda), Sun Yi (quinto a la izquierda) en la aldea Hejiazhuang del distrito Tang, provincia de Hebei.

En juillet 1939, Bethune (au premier rang, 4e à gauche) avec Nie Rongzhen (au premier rang, 3e à gauche) et Sun Yi (au premier rang, 5e à gauche) à Hejiazhuang, dans le district Tangxian de la province du Hebei.

1939 年 7 月，白求恩冒着酷暑编写《游击战争中师野战医院的组织与技术》。

In July 1939, in the scotching heat, Bethune compiled a textbook entitled The Organization and Techniques for the Division Field Hospital in Guerrilla Warfare.

En julio de 1939, Bethune redactó el libro de texto: "La Organización y Tecnología para el Hospital de Batalla Campal de División en la guerra de guerrillas", entre otros.

En juillet 1939, Bethune rédige sous forte chaleur «Organisation et technologie des hôpitaux de campagne dans une guerre de guérilla».

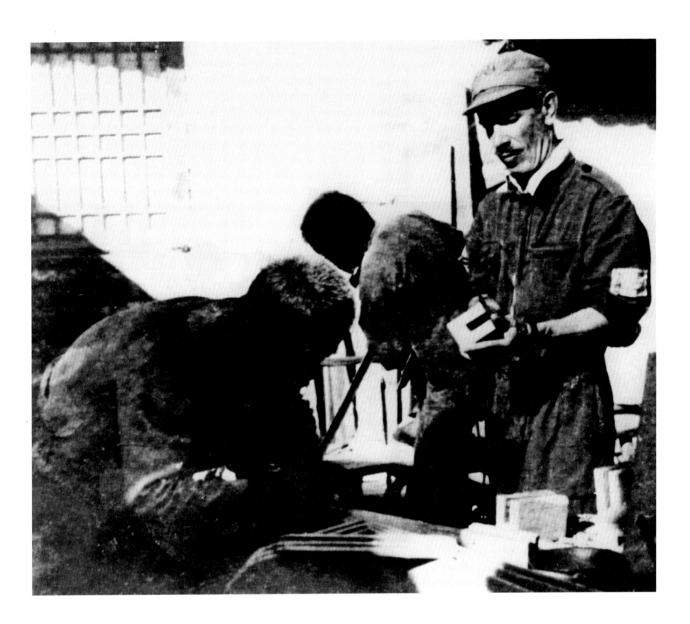

白求恩因陋就简制作医疗器材（一）

Bethune making medical instruments by using what he could find locally

Bethune haciendo equipamientos médicos

Bethune façonnant des instruments médicaux

白求恩因陋就简制作医疗器材（二、三）

Bethune making medical instruments by using what
he could find locally

Bethune haciendo equipamientos médicos

Bethune façonnant des instruments médicaux

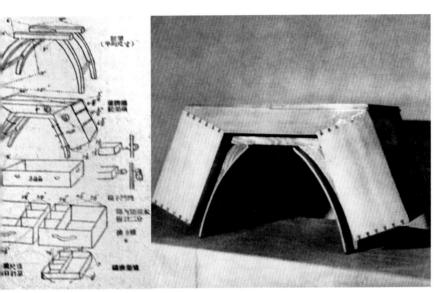

白求恩设计制作并命名为"卢沟桥"的医药器材箱

Bethune designed and made a type of medical kit nicknamed the "Marco Polo Bridge"

Caja de materiales médicos llamado Lugouqiao, diseñada y elaborada por Bethune

Bethune a inventé et a fabriqué une trousse en bois nommée « le Pont lugou »

白求恩编写的部分教材

Some of the textbooks complied by Bethune

Parte de los libros de texto editados y escritos por Bethune

Les manuels rédigés par Bethune

白求恩摘樱桃送给房东小女孩

Bethune picking cherries for a neighbor's daughter

Cogiendo cerezas para la niña del casero

Bethune récoltant des cerises pour la fillette du propriétaire de sa chambre

应该感谢八路军才对（绘画作者：汤沐黎）

Thanks Should go to the Eighth Route Army (by Tang Muli)

Se debe agradecer al Octavo Ejército (por Tang Muli)

Il faut remercier la 8e armée de route (par Tang Muli)

启示（绘画作者：王福祥）

An Enlightment (by Wang Fuxiang)

Inspiración (por Wang Fuxiang)

La révélation (par Wang Fuxiang)

流动医院出发（绘画作者：靳合德）

The Mobile Medical Unit Setting Out (by Jin Hede)

El hospital ambulante se pone en marcha (por Jin Hede)

La mise en route de l'unité opératoire mobile (par Jin Hede)

1939 年夏，白求恩在唐县河中游泳。

In the summer of 1939, Bethune taking a naked swim in the Tang River of Tang County, Hebei Province.

En el verano de 1939, Bethune disfruta de un baño en el río del distrito Tang, provincia de Hebei.

En été de l'année 1939, Bethune nageant dans un fleuve du district de Tangxian, dans la province du Hebei.

紧张的工作之余，白求恩在山坡上日光浴。

Bethune taking a sun bath after stressful work.

Después del tenso trabajo, Bethune descansa en la ladera.

Bethune prenant un bain de soleil après un travail intense.

创办卫生学校

白求恩一直非常重视八路军卫生人员的培训工作。1938年抵达晋察冀军区后，他了解到边区医务人员数量严重不足，技术水平很低，远远不能适应抗日战争的需要，为此积极倡导建立一所培训医务人员的学校。他在给朋友的信中说："外国医疗队不仅直接运用技术工作，而最重要最有价值的任务是帮助训练人才。"

1938年8月13日，白求恩给聂司令员写信，详细谈了创建卫生学校的有关事宜。他指出："关于建立训练学校的问题，首先必须认识其迫切性，其次应有建校规划……它需要：1.称职的教员；2.明确的教学计划；3.教科书；4.实习的医院或病房。"

1939年6月20日，他为卫生学校拟定了教育方针和教学计划。

在筹办学校过程中，白求恩热心参与学校建设的各项工作，如审阅教案、编写教材、给学生上课、演示手术，还向学校捐赠了显微镜、小型X线机和从加拿大带来的医学书籍。

1939年9月18日，晋察冀军区卫生学校在河北省唐县牛眼沟村正式成立。白求恩出席开学典礼，并发表了充满激情的讲话。

Establishing a Medical School

Bethune always took the training of ERA's medical and nursing workers very seriously. When he reached the Jin-Cha-Ji military district in 1938, he learnt that there was a big shortage of medical staff and a lack of up-to-standard medical techniques in the border area. In order to survive the harsh conditions of the resistance war against Japan, it was essential to build a school that specialized in medical and nursing skill training. In a letter he wrote to a friend, Bethune stated, "In addition to providing direct medical support, the most critical and valuable mission that the medical teams of other countries take is to help with the training of medical professionals".

Bethune wrote to Nie Rongzhen on August 13th 1938 to explain in detail the issues regarding the establishment of a medical school. He stated in the letter, "In regards to building a training school, we must first realize the urgency of the matter, then we need a well-organized plan...... It's necessary to have: 1. Responsible and qualified teaching staff; 2. A clear teaching plan; 3. Textbooks; 4. Hospitals or wards for practice."

On June 20th 1939, Bethune composed an educational policy and a teaching plan for the school.

In the process of establishing the school, Bethune passionately participated in almost every aspect of the preparation work. Not only did he review teaching plans, write and edit textbooks and give classes and operating demonstrations to the students, but he also donated to the school a microscope, a small X-ray machine and the medical books he brought from Canada.

On September 18th 1939, Jin-Cha-Ji Military Medical School was formally established in Niuyangou Village, Tang County, Hebei Province. Bethune attended the school opening ceremony and gave a passionate speech to the audience.

Fundar la Escuela de Salud

Bethune siempre concedió gran importancia al trabajo de la capacitación del personal médico del Octavo Ejército. Después de llegar a la región militar de Jin-Cha-Ji en 1938, él se enteró de la grave escasez de médicos en la región fronteriza y el bajo nivel técnico de los pocos profesionales en la zona, que estaban lejos de satisfacer las necesitades de la Guerra contra la Agresión Japonesa. Bethune promovió activamente la fundación de una escuela de capacitación del personal médico.

En una carta a un amigo, decía: "el equipo médico extranjero es una manera de aplicar la tecnología a nuestro trabajo, pero lo más importante y valioso es ayudar a capacitar al personal."

El 13 de agosto de 1938, Bethune escribió al comandante Nie explicándole detalladamente la importancia de crear una escuela de salud. "Sobre los problemas de fundar una escuela de capacitación, lo primero es conocer su urgencia, y a continuación, los planes del establecimiento de la escuela. ...... se necesita : 1. Profesores competentes ; 2. Planes de enseñanza explícitos; 3. Libros de texto; 4. Hospitales o salas de prácticas."

El 20 de junio de 1939, Bethune desarrolló los principios de educación y los planes de enseñanza para la escuela.

Durante el proceso de preparación de la escuela, Bethune participó con entusiasmo en diversos trabajos como la revisión de los planes de enseñanza, la redacción de libros de texto, y la impartición de clases, teóricas y prácticas, a los alumnos. También donó microscopios, una pequeña máquina de rayos X y libros de medicina traídos desde Canadá.

El 18 de septiembre de 1939, la Escuela de Sanidad de la región militar de Jin-Cha-Ji fue establecida oficialmente en la aldea Niuyangou del distrito Tang, en la provincia de Hebei. En la ceremonia de inauguración, Bethune pronunció un apasionado discurso.

Créer l'école médicale

Norman Bethune consacra une attention particulière à la formation des infirmières et des médecins de la 8e armée de route. Arrivé en 1938 dans la région militaire Jin-Cha-Ji, il trouva que cette région était confrontée à une grave pénurie de personnel médical spécialisé et que les professionnels de santé existants étaient loin de satisfaire au besoin de l'armée. C'était pour cette raison que Bethune préconisa vivement de créer une école dédiée à la formation du personnel médical. Dans une lettre écrite à son ami, Bethune écrivit que « Les équipes médicales étrangères travaillent non seulement avec leurs techniques, leur tâche la plus importante et la plus signifiante consiste à aider à former les talents ».

Dans une lettre écrite le 13 août 1938 à Nie Rongzhen, Bethune présenta en détail la création de l'école médicale. Il indiqua que « En ce qui concerne la création de cette école médicale, il faut reconnaître d'abord son urgence et puis il faut dresser un plan... Pour bâtir cette école, il faut premièrement des enseignants qualifiés, deuxièmement un plan clair d'enseignement, troisièmement des manuels et quatrièmement des hôpitaux ou des chambres de malade dédiés aux stages ».

Le 20 juin 1939, Norman Bethune élabora des principes directeurs de l'éducation et dressa un plan d'enseignement pour cette école médicale.

Bethune se lança activement dans des préparations de la construction de cette école médicale, par exemple il examina les plans d'enseignement, rédigea les manuels, donna des cours, démontra le processus des opérations et il offrit également des microscopes, des petits appareils à rayon X et des livres médicaux qu'il avait apportés du Canada.

Le 18 septembre 1939, l'école médicale de la région militaire de Jin-Cha-Ji fut officiellement établie dans le village Niuyangou du district Tangxian de la province du Hebei. Bethune participa à la cérémonie d'inauguration et prononça un discours passionné.

1939 年 9 月 18 日，晋察冀军区卫生学校开学典礼隆重举行。

On September 18th 1939, the Jin-Chai-Ji Military Region Medical School opening ceremony was held.

18 de septiembre de 1939, ceremonia de apertura de la Escuela de sanidad de la región militar Jin-Cha-Ji.

La cérémonie d'inauguration de l'école médicale de la région militaire Jin-Cha-Ji, le 18 septembre 1939.

白求恩在晋察冀军区卫生学校开学典礼上讲演

Bethune giving a speech at the opening ceremony of medical school of the Jin-Chai-Ji Military Region

Bethune dando un discurso en la ceremonia de apertura de la Escuela de sanidad de la región militar Jin-Cha-Ji

Bethune prononçant un discours lors de la cérémonie d'inauguration de l'école médicale de la région militaire Jin-Cha-Ji

崇高的理想（绘画作者：孙景波）

Lofty Ideals (by Sun Jingbo)

Ideal noble (por Sun Jingbo)

Une idéale noble (par Sun Jingbo)

胜利归来（绘画作者：葛鹏仁）

A Triumphant Return (by Ge Pengreng)

Volver victorioso (por Ge Pengreng)

Le triomphe (par Ge Pengreng)

呼吁国际援助

来到中国后，白求恩一直坚持向国际社会呼吁，为中国抗日战争争取外援。

1938 年 5 月 23 日，他在给加拿大方面的信中写道："加拿大必须援助这些人。他们曾为拯救中国和解放亚洲而战……加拿大除了为中国军队中的第一个流动手术队提供人员外，必能再予其他援助。"在一次写给美国朋友的信中，他说："我们必须帮助他们更多的钱和人。这里急切需要各种技术人才和医生、公共卫生人员、工程师、技师等，总之，一切掌握技术能力的人都需要。"为了获得捐助，他给美国和加拿大方面，不断写信介绍中国抗战信息，以及存在的困难。

白求恩还热情动员其他国际友人一道投身中国抗战事业。1938 年 8 月，白求恩与在曲阳县传教的新西兰女牧师凯瑟琳·霍尔（注：中国名字叫何明清）相识。在白求恩劝导下，霍尔女士以自己的特殊身份帮助八路军购买药品和医疗器材，还帮助北京协和医院和教会医院的医护人员参加八路军，其中郭庆兰后来成为印度国际主义战士柯棣华的妻子。

白求恩还创作了小说《一发未爆炸的炸弹》和散文《创伤》，以辛辣的笔触，揭露了日本军国主义者的罪行。这两部作品于 1939 年分别刊载在加拿大、美国有关刊物上。

Calling for International Support

Since arriving in China, Bethune never stopped calling out to the international society for support to China's resistance war against Japanese invaders.

He wrote in a letter to the Canadian authority on May 23rd 1938, "Canada must help these people. They have been fighting to save China and liberate Asia from the enemy...... Except for supplying medical staff for the first mobile operation unit in Chinese army, Canada must also provide support in other aspects." In a letter to an American friend, Bethune wrote, "We must help them by providing more money and staff. There is an urgent need here for skillful professionals from a variety of backgrounds as well as doctors, public health workers, engineers and technicians. In other words, they need anyone who has professional skills in any fields." In his efforts to procure help, he kept writing to the US and Canadian authorities explaining the situation about the resistance war against Japanese invaders in China and the difficulties encountered.

Bethune also passionately encouraged his friends from other countries to join the resistance war. In August 1938, he met a New Zealand canoness, Catherine Hall (whose Chinese name is He Qingming), who was preaching in Quyang County. Being persuaded by Bethune, Ms. Hall began to help the ERA to buy medicines and medical equipment under the cover of her special status, as well as helping the medical staff from Peking United Medical College Hospital and church hospitals to join the ERA. One of the medical staff, Guo Qinglan, had later became wife of the Indian international fighter, Kotnis.

Bethune wrote a novel named An Unexploded Bomb and an essay entitled Wounds, in which he adopted a poignant and straight forward style to bring to light the crimes committed by Japanese militarists. The works were published in Canada and the United States.

Exhortar la ayuda internacional

Desde su llegada a China, Bethune insistió en exhortar a la comunidad internacional a ayudar a China en su lucha contra la agresión japonesa.

El 23 de mayo de 1938, Bethune escribió una carta a Canadá : "Canadá debe ayudar a estas personas, que han luchado por salvar a China y liberar a Asia. Además de haber enviado al personal para el primer equipo quirúrgico móvil al ejército chino, Canadá también podría ofrecer otras ayudas." En una carta a un amigo estadounidense, le dijo: "tenemos que ayudarles con más dinero y personal. Aquí se necesita urgentemente todo tipo de personal técnico y médicos, trabajadores de salud pública, ingenieros, técnicos, entre otros. En una palabra, se necesita a todas las personas que dominen cualquier tipo de capacidad tecnológica." Para obtener donaciones, escribió en diversas ocasiones a Estados Unidos y Canadá, explicándoles detalladamente la lucha del pueblo chino contra la agresión japonesa y sus dificultades.

Bethune también animó a otros amigos internacionales con etusiasmo a unirse a la causa de la guerra china contra la agresión japonesa. En agosto de 1938, Bethune conoció a la pastora Catherine Hall de Nueva Zelanda (conocida en chino como He Qingming), quien propagó la religión cristiana en el distrito Quyang. Con la exhortación de Bethune, la señora Hall ayudó al Octavo Ejército a comprar medicamentos y equipos médicos desde su posición como pastora; también ayudó al personal médico del Hospital de Pekín Unión Medical College y del hospital misionero a participar en el Octavo Ejército. Años más tarde, una de las participantes, Guo Qinglan se convirtería en la esposa del luchador internacional indio Ke Dihua (Dwarkanath Kotnis).

Bethune también escribió una novela, titulada "Una bomba sin explotar" y la prosa "Trauma", poniendo al descubierto los crímenes cometidos por los militares japoneses con un estilo mordaz. Estas dos obras fueron calificadas como publicaciones relevantes en Estados Unidos y Canadá, respectivamente, en 1939.

Appel à l'assistance internationale

Après être venu en Chine, Bethune continua d'interpeller la communauté internationale afin d'accorder une assistance à la Chine et de soutenir la guerre chinoise contre l'invasion japonaise.

Dans une lettre écrite le 23 mai 1938 aux autorités canadiennes, il écrivit : « Il faut que le Canada donne un coup de main à ces gens. Ils se battent pour sauver la Chine et libérer l'Asie...... À part le personnel envoyé à la première équipe mobile d'opération de l'armée chinoise, le Canada est en mesure de fournir d'autres aides ». Et dans une autre lettre qu'il écrivit à un ami américain, Bethune dit que « Nous devons les aider et leur donner plus de personnes et plus d'argent. Ici, toute sorte de personnel technique, de médecins, de professionnels de santé publique, de techniciens et d'ingénieurs sont ardemment désirés. En somme, on a besoin de toutes les personnes qui possèdent une technique ». Afin de recueillir des fonds, Bethune écrivit sans cesse des lettres aux autorités canadiennes et américaines dans lesquelles il présenta la situation de la guerre de résistance du peuple chinois à l'agression japonaise et des difficultés existantes.

Bethune encouragea avec plein d'énergie d'autres étrangers à se lancer dans la grande cause visant à soutenir la guerre anti-japonaise. En août 1938, Bethune fit connaissance de la missionnaire néo-zélandaise Catherine Hell (nom chinois : He Qingming) qui évangélisait dans le district Quyang. Suivant les recommandations de Bethune, Mme Hell profita de son statut spécial pour aider la 8e armée de route à se procurer des médicaments et des instruments médicaux. Elle aida également le personnel médical de l'Hôpital Xiehe de Beijing (Union Medical College Hospital) et des hôpitaux presbytériens à s'enrôler dans la 8e armée de route, dont Guo Qinglan, qui épousa plus tard le combattant indien internationaliste Kwarkanath S. Kotnis (Ke Dihua de son nom chinois).

Bethune, polyvalent, fut l'auteur d'un roman « Un obus qui n'explose pas » et d'une prose « Blessures », dans lesquels il dévoila dans un style vif et mordant les crimes perpétrés par les militaristes japonais. Ces deux œuvres furent publiées respectivement en 1939 dans des revues canadiennes et américaines.

白求恩用这部爱马仕打字机写下了许多信件、报告、小说、散文。

Bethune used his Hermes typewriter to type letters, reports, novels and essays.

Bethune escribió varios informes, cartas, novelas y prosas con esta máquina de escribir.

Bethune a écrit beaucoup de lettres, rapports, romans et proses en utilisant cette machine à écrire Hermès.

在白求恩的劝导下，新西兰传教士凯瑟琳·霍尔以自己特殊身份配合白求恩帮助八路军购买医药器材，并动员医务人员参加八路军。

Urged by Bethune, New Zealand priest Catherine Hall helped the ERA to buy medical supplies under the cover of her special status, and encouraged medical workers to join the ERA.

Misionera de Nueva Zelanda Catherine Hall ayudó al Octavo Ejército a comprar equipamientos médicos por su identidad especial, y persuadió al personal médico de participar en la tropa.

La missionnaire néo-zélandaise Catherine Hell a profité de son statut spécial pour aider la 8e armée de route à acheter des médicaments et des instruments médicaux et elle a mobilisé le personnel médical à s'enrôler dans la 8e armée de route.

印度友人柯棣华的夫人郭庆兰（摄于 20 世纪 90 年代），她是由霍尔动员参加八路军的。

Guo Qinglan, wife of our Indian friend Dr.Kotnis (photo taken in the 1990's).

Guo Qinglan, esposa del médico indio Ke Dihua (tomada en los 90 del siglo XX).

Guo Qinglan, épouse du combattant indien internationaliste Dr. Kotnis (Ke Dihua de son nom chinois), (photo prise dans les années 90 du 20e siècle). Mobilisée par Catherine Hell, Guo Qinglan s'est enrôlée dans la 8e armée de route.

白求恩大夫跃马百里抢救伤员（绘画作者：许　勇）

Doctor Bethune Dashing Forward on a Horse to Save the Wonded (by Xu Yong)

El doctor Bethune corriò kilòmetros en caballo para salvar a los heridos (por Xu Yong)

Dr Bethune parcourt des centaines de kilomètres à dos de cheval pour sauver les blessés (par Xu Yong)

1939 年夏，白求恩在唐县和家庄住所前留影。

In the summer of 1939, Bethune in front of his clay house in Hejiangzhuang Village, Tang County.

En el verano de 1939, Bethune tomó una foto delante de su habitación situada en la aldea Hejiazhuang del distrito Tang, provincia de Hebei.

Pendant l'été de 1939, Bethune devant son logement dans le village Hejiazhuang, dans le district de Tangxian.

在晋察冀司令部哨所与哨兵在一起

Bethune with the sentries at the sentry post of the Jin-Cha-Ji headquarters

Con los guardias de la comandancia de Jin-Cha-Ji

Bethune avec des sentinelles dans la guérite du quartier général de la région militaire Jin-Cha-Ji

再一次巡回医疗

    1939 年 8 月，延安和晋察冀军区领导同意白求恩回加拿大，为八路军募集经费和医疗物资。回国前，白求恩表示再到部队和后方医院进行一次工作检查和巡回医疗。军区领导批准后，于 1939 年 10 月 5 日，白求恩率卫生巡视团到部队和各后方医院指导工作。

One More Medical Tour

In August 1939, leaders of Yan'an and Jin-Cha-Ji military district agreed upon Bethune's journey back to Canada for the purpose of fundraising for the ERA and medical supplies. Before departing, Bethune requested to arrange one more inspection and medical tour to the armies and base hospitals. With approval from the military leaders, Bethune set out on the journey with his medical inspection team on October 5th 1939.

Visita médica otra vez

En agosto de 1938, los líderes de Yan'an y de la región militar Jin-Cha-Ji acordaron el regreso de Bethune a Canadá para recaudar fondos y suministros médicos para el Octavo Ejército. Antes de regresar a su país, Bethune dijo que quería hacer una inspección del trabajo y una visita médica más en las tropas y en los hospitales traseros. Con la aprobación de los líderes de la región militar, el 5 de octubre de 1939, Bethune dirigió el equipo médico para inspeccionar a las tropas y orientar el trabajo en los hospitales traseros.

Encore une tournée d'examens médicaux

En août 1938, les autorités de Yan'an et de la région militaire Jin-Cha-Ji convinrent de rapatrier Bethune afin de collecter des fonds et de se procurer des fournitures médicales pour l'Armée de la 8e de route. Avant de rentrer au Canada, Bethune se porta volontaire pour une inspection du travail et une tournée d'examens médicaux dans l'armée et dans des hôpitaux de base. Après avoir obtenu l'autorisation des autorités concernées, Bethune commença le 5 octobre 1939 à inspecter le travail de soins médicaux dans l'armée et dans des hôpitaux de base en dirigeant une équipe d'inspection sanitaire.

白求恩率卫生工作巡视团视察部队卫生工作，巡诊医疗。

Bethune leading a team to inspect the military medical work and provide medical services.

Bethune hizo viajes de inspección con el equipo de inspección de trabajo médico.

Bethune se lançant dans l'inspection du travail sanitaire de l'armée et dans les examens médicaux en dirigeant une équipe d'inspection sanitaire.

◀ 白求恩在唐县老姑村休养所，为即将出院的伤员检查身体。

Bethune examining the soldiers who were to leave the sanatorium of Laogu Village, Tang County, Hebei Province.

Bethune examinó a los heridos que iban a salir del sanatorio en la aldea Laogu del distrito Tang, provincia de Hebei.

Bethune examinant les malades sortants dans le sanatorium du village de Laogucun dans le district de Tangxian, de la province du Hebei.

白求恩为边区民众巡诊医疗

Bethune on a medical tour of the local people in the border region

Bethune trata al público de la región fronteriza

Bethune traitant et soignant les habitants de la région frontière

白求恩与自卫队员合影

Bethune and a militia man

Bethune y un soldado del equipo de defensa propia

Bethune avec un milicien

白求恩在驻地老乡家屋顶上留影

Bethune on the roof of a villager's house

Bethune en el techo de la casa de un campesino local

Bethune sur le toit de la maison d'un villageois

最后的日子

1939年10月20日，日军集中兵力，向晋察冀边区发动"冬季大扫荡"。听到这个消息，白求恩果断决定暂缓回国，参加战斗。

军区领导批准了白求恩的请求。当天夜里，白求恩率领医疗队来到了摩天岭前线，手术站设在离火线很近的涞源县孙家庄村边的小庙里。

10月29日，从北线进攻的敌人，开始向孙家庄集结。考虑到医疗队的安全，司令部命令立即转移。叶青山部长和大家纷纷劝白求恩先走。白求恩坚决不肯，坚持为最后一名叫朱德士的伤员进行手术。手术中，白求恩的左手中指被碎骨刺破，但他一直坚持把手术做完。

11月1日上午，白求恩在甘河净后方医院为一名颈部患丹毒合并蜂窝组织炎的伤员手术，因为匆忙没戴手套，使受伤手指受到致命感染。

11月2日，他为两百多名伤员做了检查。

11月3日，他将伤口裹好，又为十三名伤员做了手术。

军区领导得悉白求恩患病消息后，立即命令马上送白求恩回后方医院治疗。

11月4日，白求恩修改了卫生巡视团工作报告，还写了一份关于防治疟疾的讲课提纲。

11月5日，白求恩病情已经越来越严重，被感染的手指肿得很大。

11月6日，白求恩亲自给自己感染的手指开刀放脓。

11月7日，下午2点钟，白求恩冒雨行军，天黑后才抵达宿营地。

11月8日，白求恩拖着高热39.6℃的病体，来到王家台我军某团卫生队。白求恩要求凡前线送来伤员，遇有头部或腹部受伤者，必须由他亲自检查。

11月9日下午，白求恩高热40℃，开始颤抖、呕吐。

11月10日，在送往后方医院抢救途中，白求恩几次呕吐。

下午3时，护送白求恩的担架来到唐县黄石口村。夜深了，他一度晕厥过去。他的身体已经到了最坏的程度。

11月11日早上，白求恩写信给翻译朗林，要求转告军区领导，赶快组织手术队到前方实施战地救护。

白求恩病危的消息，牵动着根据地军民的心。军区首长指派军区最好的医生林金亮同志组织抢救，黄石口的老乡们赶来要求献血……各种办法都用上了，白求恩的病情仍在继续恶化。下午4时20分，白求恩挣扎着坐起来，开始给聂荣臻同志写信。

亲爱的聂司令员：

今天我感觉非常不好——也许我会和你永别了！请你给蒂姆·布克写一封信——地址是加拿大多伦多城威林顿街第十号门牌。

用同样的内容写给国际援华委员会和加拿大和平民主同盟会。

告诉他们我在这里十分快乐，我唯一的希望就是多有贡献。

也写信给白劳德，并寄上一把日本指挥刀和一把中国大砍刀，报告他我在这边工作的情形。

这些信可用中文写成，寄到那边去翻译。

把我所有的相片、日记、文件和军区故事片等，一概寄回那边去，由蒂姆·布克负责分散。并告诉他有一个电影片子将要完成。

把我的皮大衣给蒂姆·布克，一个皮里的日本毯子给约翰·艾迪姆斯，那套飞行衣寄给伊尼克·亚当斯吧！另一条日本毯子给帕拉西斯特拉。

……

在一个小匣子里有个大的银戒指（是布朗大夫给我的），要寄给加拿大的玛格丽特，蒂姆·布克知道她的地址。

我还没有穿过的两双新草鞋，送给菲利普·克拉克。那面大的日本旗送给莉莲。

所有这些东西都装在一个箱子里。

用林赛先生送给我的那十八元美金作寄费。这个箱子必须是很坚固，用皮带捆住锁好，再外加三条绳子保险。

请求国际援华委员会给我的离婚妻（蒙特利尔的弗朗西斯·坎贝尔夫人）拨一笔生活的款子，或是分期给也可以。在那里（对她）所负的责任很重，决不可为了没有钱而把她遗弃了。向她说明，我是十分抱歉的！但同时也告诉她，我曾经是很快乐的。

将我永不变更的爱送给蒂姆·布克以及所有我的加拿大和美国的同志们！

两个行军床，你和聂夫人留下吧，两双英国皮鞋也给你穿了。

骑马的马靴和马裤给冀中军区的吕司令员。

贺龙将军也要给他一些纪念品。

……

给叶部长两个箱子，游副部长八种手术器械。林医生可以拿十五种，卫生学校的江校长让他任意挑两种物品作纪念吧！

打字机和松紧绑带给郎同志。手表和蚊帐给潘同志。

一箱子食品送给董（越千）同志，算作我对他和他的夫人、孩子们和姊妹们的新年赠礼！文学书籍也全给他。

医学书籍和小闹钟给卫生学校。

给我的小鬼和饲养员每人一床毯子，并给小鬼一双日本皮鞋。

……

每年要买两百五十磅奎宁和三百磅铁剂，专为治疗患疟疾病者和极大数目的贫血病者。千万不要再往保定、天津一带去购买药品，因为那边的价钱要比沪、港贵两倍。

告诉加拿大和美国，我十分的快乐，我唯一的希望是能够多有贡献。

……

最近两年是我生平最愉快，最有意义的时日，感觉遗憾的就是稍嫌孤闷一点，同时，这里的同志，对我的谈话还嫌不够。

……

我不能再写下去了！

让我把千百倍的谢忱送给你，和其余千百万亲爱的同志！

……

诺尔曼·白求恩

1939 年 11 月 12 日凌晨 5 时 20 分，伟大的国际主义战士、中国人民的伟大朋友亨利·诺尔曼·白求恩走完了他生命的最后历程。

The Last Days

On October 20th 1939, the Japanese gathered its military force to bring "intense winter mopping-up operations" to the Jin-Cha-Ji border region. Upon hearing the news, Bethune immediately decided to postpone the journey back to Canada and joined the battle!

Military leaders approved his request. On the night of the same day, Bethune led the medical team to the Motianling front line and set up an operating unit in a small temple in SunJiaZhuang Village in Laiyuan County, where the combat zone was very close.

On October 29th, enemy from the northern line started to gather near the Village. Concerned for the safety of the medical team, the Command ordered the team to leave immediately. Though Minister Ye Qingshan and his comrades all tried to persuade Bethune to leave, he refused firmly and insisted on performing one last operation on a wounded soldier named Zhu Deshi. During the operation, Bethune's middle finger of his right hand was pierced by broken bones, but he still kept on the surgery to the very end.

On the morning of November 1st, Bethune performed an operation for a soldier with neck infections erysipelas and cellulitis at the Ganhejing base hospital, where he contracted a fatal infection to his injured finger.

On November 2nd, he diagnosed over 200 injured soldiers.

On November 3rd, he wrapped up his wound simply and performed 13 operations for the wounded.

When the military leaders heard about his infection, they commanded him to immediately return to the base hospital to receive proper treatment.

On November 4th, Bethune reviewed the work reports submitted by the medical inspection team and wrote a teaching outline for malaria prevention and treatment.

On November 5th, the infection had become even more serious and the finger was badly swollen.

On November 6th, Bethune performed a surgery on his own finger to drain the pus.

On November 7th, Bethune set out at two o'clock in the afternoon in the rain and arrived at the encampment after dark.

On November 8th, Bethune visited a medical team at Wangjiatai when he had a fever of 39.6°C. He required that all the soldiers with head or abdomen injury from the front line must be sent directly to him to check.

In the afternoon of November 9th, Bethune's fever got to 40°C, accompanied with trembling and vomit.

On November 10th, Bethune was sent back to the base hospital for emergency treatment. He vomited several times on the way.

At 3 o'clock that day, Bethune arrived at Huangshikou Village, Tang County. He had fallen into coma once during the night. His condition had already reached the worst state.

In the morning of November 11th, Bethune wrote to his translator Lang Lin, asking him to request the military leaders to organize surgical teams to support the front line as quickly as possible.

The news about Bethune's critical condition greatly concerned the soldiers and people of the base area. The military leaders sent the best doctor of the military district, Comrade Lin Jinliang, to Bethune's rescue. Villagers of Huangshikou all came to donate blood for him...Though every possible effort was made, Bethune's condition continued to deteriorate. At 4:20 that afternoon, he dragged himself up to sit in bed and started to write to comrade Nie Rongzhen.

Dear Commander Nie,

I feel very unwell today – maybe I will have to bid you farewell forever! Please kindly write a letter to Tim Buck at the address of No. 10 Wellington Street, Toronto, Canada.

Please also kindly write to the International China Aid Council and the Peace and Democratic Alliance of Canada with the same content.

Tell them that I've been very happy here and that all I have wished for is to make as much contribution as I could.

Please also send a letter to Browder with a Japanese commander's sword and a Chinese machete, reporting my work situation here.

These letters can be written in Chinese first and sent over for translation.

Send all my photos, journals, documents and the films about the military district back and ask Tim Buck to help distribute them. Tell him also that there is a movie to be finished soon.

Please give my leather coat to Tim Buck, one Japanese blanket to John Edmonds and the flying suit to Yannick Adams! Please give the other Japanese blanket to Palacios.

......

There is a big silver ring (a gift from Dr. Brown) kept in a small box. It is for Margaret in Canada. Tim Buck knows her address.

There are two pairs of new straw sandals that I have never worn before. They are for Phillip Clark. The big Japanese national flag is for Lillian.

Please put all these things in a big suitcase.

Please use the eighteen dollars from Mr. Lindsey to pay for the post. The suitcase must be very firm and durable. Tie it tightly with a leather strap and lock it well. Please tighten the suitcase again with 3 more straps to secure.

Kindly ask the International China Aid Council to allocate a sum of money to my ex-wife (Madam Frances Campell Penney in Montreal) and it can be paid by installments. I have a big responsibility to her. I will never desert her because of the lack of money. Tell her that I was really very sorry! Tell her also that I was very happy.

Please send my invariable love to Tim Buck and to all my Canadian and American comrades!

Please keep the two camp beds for yourself and Mrs. Nie, as well as the two pairs of British leather shoes.

The riding boots and breeches are for commander Lü of central Hebei military district.

Please pick some souvenirs for General He Long, too.

......

There are two suitcases for Minister Ye and 8 surgical instruments for Vice Minister You. Doctor Lin can keep another 15 instruments and please let President Jiang of the medical school choose two objects at will to keep as suvoniors!

The typewriter and elastic bandage are for comrade Lang. The watch and mosquito net are for comrade Pan.

Please give the box of biscuits to Comrade Dong (Yueqian) as a New Year's gift for him, his wife, children and sisters! Leave all my literature books for him as well.

The medical books and the small clock are for the medical school.

Kindly leave one blanket each to my little orderly and the house keeper.

......

Make sure to buy 250 pounds of quinine and 300 pounds of chalybeate every year. They are especially for the treatment of malaria and a large number of anemia patients. Never buy medicines from Baoding and Tianjin again, as the price there is twice as much as that of Shanghai and Hong Kong.

Please let Canadian and American authorities know that I've been very happy. All I wished for is to make as much contribution as I could.

......

The recent two years are the happiest and most meaningful time of my life. The only thing that I feel sorry for is the slight loneliness I have felt. The comrades here, on the other hand, have not talked as much to me as I would have loved them to.

......

I have to stop writing now!

I'd love to express my gratitude thousands of times to you and to the other millions of dear comrades!

......

Norman Bethune

At 5:20 in the morning of November 12th 1939, the great international fighter and friend of the Chinese people, Henry Norman Bethune, passed away.

Últimos días de la vida de Bethune

El 20 de octubre de 1939, el ejército japonés concentró sus fuerzas para lanzar una gran "operación de limpieza de invierno" en la región militar de Jin-Cha-Ji. Al escuchar esta noticia, Bethune decidió aplazar el regreso a su país y participar en la lucha.

Los líderes de la región militar aprobaron la petición de Bethune. Esa noche, Bethune dirigió al equipo médico y llegó al frente Motianling, estableciendo la estación de operaciones en un pequeño templo en las afueras del pueblo de Sunjiazhuang del distrito Laiyuan, muy cerca del frente.

En el 29 de octubre, tras sus ataques desde la línea norte, las tropas enemigas comenzaron a rodear la aldea Sunjiazhuang. Para salvaguardar al equipo médico, el cuartel general ordenó una inmediata transformación. Todas las personas incluso el ministro Ye Qingshan persuadieron a Bethune para que saliera primero, pero él se negó firmemente e insistió en hacer la operación al último soldado herido, llamado Zhu Deshi. Durante la operación, el dedo medio de la mano izquierda de Bethune fue pinchado por un hueso roto, pero él insistió en terminar la operación.

El 1 de noviembre por la mañana, en el Hospital Trasero Ganhejing, Bethune operó a un herido con el cuello contraído por la erisipela con celulitis. Debido a la premura, Bethune olvidó usar guantes, por lo que su dedo herido fue infectado fatalmente.

El 2 de noviembre, Bethune examinó a más de 200 heridos.

Al día siguiente, el médico vendó la herida de su dedo y continuó operando a 13 heridos más.

Los líderes se enteraron de que Bethune había contraído una enfermedad, y le ordenaron inmediatamente parar su labor y acudir al hospital trasero para ser atendido.

El 4 de noviembre, Bethune modificó el informe de trabajo del equipo de inspección de la salud, también escribió un esquema de la clase sobre la prevención y el tratamiento de la malaria.

Para el 4 de noviembre, su enfermedad había empeorado terriblemente, provocando la hinchazón de su dedo infectado.

El 6 de noviembre, Bethune cortó personalmente su dedo infectado para limpiar la pus.

El 7 de noviembre, a las dos de la tarde, Bethune marchó desafiando la lluvia, y llegó al campamento por la noche.

El 8 de noviembre, con 39.6 °C de fiebre, Bethune llegó al equipo de salud de un regimiento del Octavo Ejército en Wangjiatai. Bethune pidió examinar personalmente a los heridos graves con heridas de cabeza y abdomen.

El 9 de noviembre por la tarde, Bethune tuvo una fiebre alta de 40°C, empezó a temblar y vomitar.

El 10 de noviembre, durante el camino hacia el hospital trasero para el tratamiento urgente, Bethune vomitó varias veces.

A las tres de la tarde, las personas que llevaron en camilla a Bethune al hospital trasero llegaron a la aldea Huangshikou del distrito Tang. Por la noche, tras sufrir un desmayo, el estado del salud del médico empeoró gravemente.

El 11 de noviembre por la mañana, Bethune escribió al traductor Langlin y le pidió a transmitir a los líderes de la región militar para organizar un equipo de operación que pudiera aplicar tratamientos en el frente.

Tanto los soldados como los civiles estaban muy preocupados con la noticia de la grave enfermedad de Bethune. El jefe de la región militar asignó al mejor médico, el camarada Lin Jinliang para que organizara el tratamiento a Bethune, y los civiles de la aldea Huangshikou acudieron voluntariamente a donar su sangre para salvar la vida del médico. A pesar de todos los esfuerzos, la condición de Betune empeoraba cada día. A las 16: 20 por la tarde, en un supremo esfuerzo, Betune consiguó sentarse y escribir una carta al camarada Nie Rongzhen.

Estimado Comandante Nie:

Hoy me siento muy mal, ¡tal vez ha llegado la hora de despedirme para siempre!

Le pido que escriba una carta al Secretario General del Partido Comunista de Canadá, Tim Buck, su dirección es Nº 10, Calle Wellington, Toronto. Al mismo tiempo, enviéle la copia al Comité Internacional de Ayuda a China y la Unión Democrática de Canadá para hacerles saber que yo vivo muy feliz en China, y lo único que espero es contribuir.

También le pido que escriba al Secretario General del Partido Comunista de los Estados Unidos, Browder, y le envie un sable obtenido de los enemigos un machete chino.

Puede escribir estas cartas en chino y enviarlas así, allá las traducirán, no olvide por favor ajuntar con las cartas mis fotos, diarios y documentos a Tim Buck para que los arregle.

Todas estas cosas se embalarán en una caja, puede usar los 18 doláres que me dio el señor Lindsy para cubrir los gastos del envío. Esta caja debe ser muy sólida, atada con un cinturón y tres cuerdas.

Por favor, hágale saber a Tim Buck mi cariño y amistad inalterables, así como a todos mis compañeros en Canadá y en los Estados Unidos.

Solicito que el Comité Internacional de Ayuda a China asigne una pensión de vida a mi exesposa (la señora Frances Campell Penney en Montreal), que puede ser entregada por etapas. Tengo una gran responsabilidad con ella, nunca la abandonaré por falta de dinero. También la dirá que yo tengo remordimientos, pero fui feliz con ella.

Tengo dos camas plegables, dos pares de zapatos ingleses, usted y su esposa puedan usarlos.

Haga favor de pasar mis botas de montar y el pantalón de montar al comandante Lü.

También transmita unos recuerdos al general He Long, por favor.

......

Dos cajas al ministro Ye; 18 instrumentos médicos al viceministro You; otro 15 instrumentos médicos al doctor Du; el director Jiang de la Escuela de Salud podrá seleccionar cualquier cosa como recuerdo.

Máquinas de escribir y vendas, al camarada Lang.

Reloj y mosquitero, al camarada Pan.

Una caja de alimentos y libros de literatura, al camarada Dong como reglos de Año Nuevo para su esposa y sus niños.

Para mí pequeño séquito y el caballerango, a cada uno una manta, y dará un par de zapatos de Japón más a mi pequiño séquito.

La cámara es para Sha Fei, y los tanques de almacenamiento y otros instrumentos al equipo de fotografía.

Los libros médicos y un pequeño despertador son para la Escuela de Salud.

......

Cada año tienen que comprar 250 libras de quinina y 300 libras de hierro médico, que se usan para tratar a los pacientes de malaria y de anemia.

No hay que comprar jamás las medicinas en las ciudades de Baoding y Tianjin y sus alrededores, donde sus precios son el doble de caros que en Shanghai y Hong Kong.

......

Estos últimos dos años han sido los más felices y significativos de mi vida. Todavía tengo mucho por decir a mis camaradas, pero no puedo escribir más.

......

Déjeme darle a mi gratitud a millones de queridos camaradas.

Bethune

A las 5:20 horas del 16 de noviembre de 1939, Norman Bethune, el gran luchador internacionalista y gran amigo del pueblo chino, emprendió el viaje hacia su última morada.

Les derniers jours

Le 20 octobre 1939, l'armée japonaise lança une opération hivernale de ratissage dans la région militaire Jin-Cha-Ji (Shanxi-Chahar-Hebei), avec la plus importante concentration de troupes. Au courant de cette nouvelle, Bethune décida résolument de reporter son retour au pays natal et de participer au combat.

Les autorités de la région militaire accédèrent à la demande de Bethune. Le soir même, en dirigeant son équipe médicale, Bethune arriva sur la ligne de front à Motianling et mit à pied un centre d'opération dans un temple situé à l'extérieur du village Sunjiazhuan, du district de Laiyuan, qui était tout près de la ligne de front.

Le 29 octobre, les ennemis japonais qui attaquèrent par la ligne du nord se dirigèrent vers le village Sunjiazhuang. En vue d'assurer la sécurité de l'équipe médicale, le quartier général de la région militaire Jin-Cha-Ji ordonna un déplacement immédiat du personnel médical. Le ministre Ye Qingshan et d'autres responsables essayèrent de convaincre Bethune de partir tout de suite, cependant Bethune refusa fermement et insista pour achever l'opération d'un blessé qui s'appela Zhu Deshi. Bethune se coupa le majeur de la main gauche au cours de cette opération, mais il tint jusqu'au bout.

Le matin du 1er novembre, Bethune contracta une septicémie mortelle en opérant, sans ses gants de caoutchouc, un soldat dont l'infection au cou avait été causée par l'érysipèle et la cellulite, à l'hôpital de base de Ganhejing.

Le 2 novembre, Bethune examina plus de 200 soldats blessés.

Le 3 novembre, Bethune pansa sa blessure et opéra 13 blessés.

Mis au courant de la nouvelle que Bethune était malade, les autorités de la région militaire Jin-Cha-Ji demandèrent d'envoyer immédiatement Bethune à l'hôpital de base pour recevoir le traitement médical.

Le 4 novembre, Bethune modifia le rapport de travail de l'équipe d'inspection sanitaire et rédigea un plan d'enseignement concernant la prévention et le traitement du paludisme.

Le 5 novembre, son état s'aggrava encore et la tuméfaction sur son doigt infecté était très grave.

Le 6 novembre, Bethune s'opéra lui-même en coupant son doigt infecté pour drainer le pus.

Vers 14 heures le 7 novembre, Bethune participa à une marche forcée sous la pluie et arriva au camp dans la nuit.

Le 8 novembre, Bethune, ayant une fièvre élevée de 39.6°C, vint à Wangjiatai pour rejoindre l'équipe médicale d'une certaine brigade. Bethune demanda d'examiner en personne tous les soldats blessés venus de la ligne de front dont les blessures étaient sur la tête ou sur l'abdomen.

Pendant l'après-midi du 9 novembre, Bethune eut une fièvre élevée de 40°C et commença à trembler et à vomir.

Le 10 novembre, Bethune vomit plusieurs fois en route vers l'hôpital de base.

Vers 15 heures de l'après-midi, Bethune, transporté sur un brancard, arriva au village Huangshikou du district de Tangxian. Bethune s'évanouit une fois en pleine nuit et son état de santé devint plus pire que jamais.

Le 11 novembre au matin, Bethune commença à écrire une lettre à l'interprète Lang Lin, lui demandant de transmettre un message aux responsables de la région militaire, dans lequel Bethune appela à organiser une équipe médicale sur la ligne de, afin de favoriser le traitement médical sur le champ de bataille.

Les préoccupations concernant la santé de Bethune s'accentuèrent parmi les résidents et les soldats de la région militaire. Le chef de la région militaire Jin-Cha-Ji dépêcha le meilleur médecin Lin Jinliang pour sauver la vie de Bethune et de nombreux villageois de Huangshikou se portèrent volontaires pour donner du sang. Bien que les médecins firent tout ce qui était possible, l'état de santé de Bethune s'aggrava encore. À 16 h 20, Bethune se débattit pour s'asseoir et puis commença à écrire sa dernière lettre à Nie Rongzhen.

Cher commandant en chef Nie :

Aujourd'hui je me sens vraiment mal physiquement, peut-être il est temps de vous dire adieu! Veuillez écrire une lettre à Tim Buck, et voilà son adresse : l'Avenue Wellington 10, Toronto, Canada.

Écrivez une lettre identique à China Aid Council et à l'Union de paix et de démocratie du Canada s'il vous plaît.

Il faut leur dire que j'ai été très heureux en Chine et que mon seul souhait a toujours été de faire davantage pour la cause.

Veuillez écrire également une lettre à Browder et lui envoyer un sabre japonais et un sabre chinois. Je vous prie de lui faire part de la situation de mon travail ici.

Vous pouvez écrire ces lettres en chinois et puis les expédier au Canada et aux États-Unis pour les traduire.

Veuillez envoyer tous mes photos, journaux, documents et films se rapportant à l'histoire passée dans la région militaire à Tim Buck qui se chargera de la distribution de mes effets personnels. Dites-lui qu'il y a un film à réaliser.

Donnez mon manteau en cuir à Tim Buck, la couverture en cuir japonaise à John Edmonds, et les combinaisons de vol à Yannick Adams. Envoyez une autre couverture japonaise à Palastra.

......

Vous pouvez trouver une grande bague en argent (c'est le médecin Brown qui me l'a donnée) dans une petite boîte. C'est pour Margaret qui habite au Canada et Tim Buck connaît son adresse.

Donnez les deux nouvelles paires de sandales de paille à Philip Clark et envoyez le grand drapeau japonais à Lilian.

Mettez tous ces objets dans une valise, je vous prie.

Utilisez les 18 dollars que M. Lindsey m'a donnés pour payer la livraison. Il faut que la valise soit très solide et bien verrouillée. Attachez une ceinture de cuir sur la valise et 3 autres cordons à tout hasard.

Je prie China Aid Council d'accorder une subvention à mon ex-épouse (Frances Campbell Penney à Montréal) et le paiement de cette somme d'argent peut être effectué par versements échelonnés. Elle endosse une grande responsabilité là-bas et il ne faut pas l'abandonner sans argent. Dites-lui que je suis vraiment désolé. Mais il faut lui dire aussi que j'étais très heureux.

Donnez mon amour éternel à Tim Buck et à tous mes camarades au Canada et aux États-Unis.

Les deux lits de camp sont pour vous et votre femme et je vous donne aussi les deux paires de souliers anglais.

Donnez mes bottes d'équitation et ma culotte de cheval au commandant Lv de la région militaire Ji-Zhong (centre de la province du Hebei).

Il faut également offrir quelques souvenirs au général He Long.

......

Donnez deux boîtes à M. Ye (ministre de la Santé), huit instruments chirurgicaux au ministre adjoint You. Le médecin Lin peut prendre 15 outils médicaux et pour le directeur Jiang de l'école médicale, laissez le choisir deux objets parmi mes effets personnels comme souvenirs.

La machine à écrire et les bandes élastiques sont destinées au camarade Lang. Donnez ma montre et ma moustiquaire au camarade Pan.

Veuillez donner cette boîte remplie de nourriture au camarade Dong Yueqian. C'est un cadeau de Nouvel an pour lui, sa femme, ses enfants et ses sœurs. Et je lui laisse tous mes livres littéraires.

Je donne tous mes livres médicaux et le petit réveil à l'école médicale.

A mon petit aide de cam pet à mon palefrenier, donnez à chacun une couverture, et n'oubliez pas de distribuer une paire de souliers japonais à mon aide de camp.

......

Il faut acheter chaque année 250 livres de quinine et 300 livres d'eau ferrugineuse pour traiter les patients qui contractent le paludisme et un grand nombre de malades souffrant d'anémie. N'achetez plus de médicaments à Baoding ou à Tianjin, car les prix là-bas sont deux fois plus chers qu'à Shanghai et à Hong Kong.

Dites aux autorités canadiennes et américaines que j'ai été très heureux en Chine et que mon seul souhait aurait été d'y faire davantage.

......

Ces deux dernières années ont été les jours les plus heureux et les plus marquants de ma vie. S'il faut que je dise mon regret, c'est que je me sens parfois seul et en même temps, les camarades ici, pensent que je ne cause pas beaucoup avec eux.

......

Je ne peux plus continuer à écrire !

Permettez-moi d'exprimer ma reconnaissance et mes remerciements à vous et à mes autres chers camarades !

......

Norman Bethune

À 5h20 du 12 novembre 1939, Henry Norman Bethune, le grand combattant internationaliste et l'ami du peuple chinois, rendit le dernier soupir.

1939 年 10 月 24 日，白求恩在河北省涞源县孙家庄村外小庙为伤员做手术。

On October 24th, 1939, Bethune operating on the wounded in a small temple near Sunjiazhuang's Village, Laiyuan County, Hebei Province.

El 24 de octubre de 1939, Bethune operando a un herido en un pequeño templo cerca de la aldea Sunjiazhuang del distrito Laiyuan, provincia de Hebei.

Le 24 octobre 1939, Bethune opérant un soldat blessé dans un petit temple situé à l'extérieur du village Sunjiazhuang, dans le district Laiyuan de la province du Hebei.

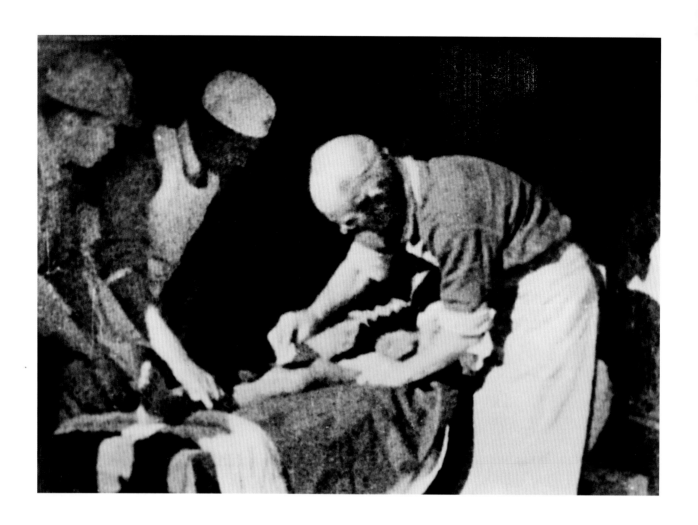

白求恩手指感染后还在坚持做手术

Bethune kept on performing operations after the infection of his finger

Bethune insiste en hacer las operaciones, a pesar de que su dedo está gravemente infectado

Bethune a persisté à achever cette opération malgré avec son doigt infecté

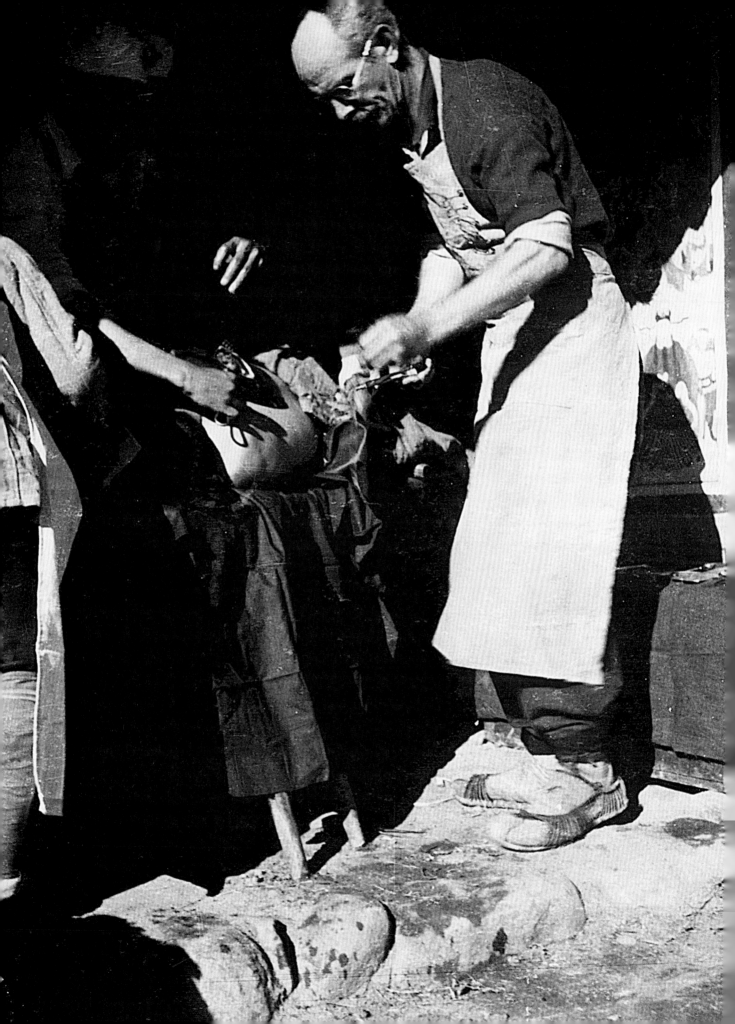

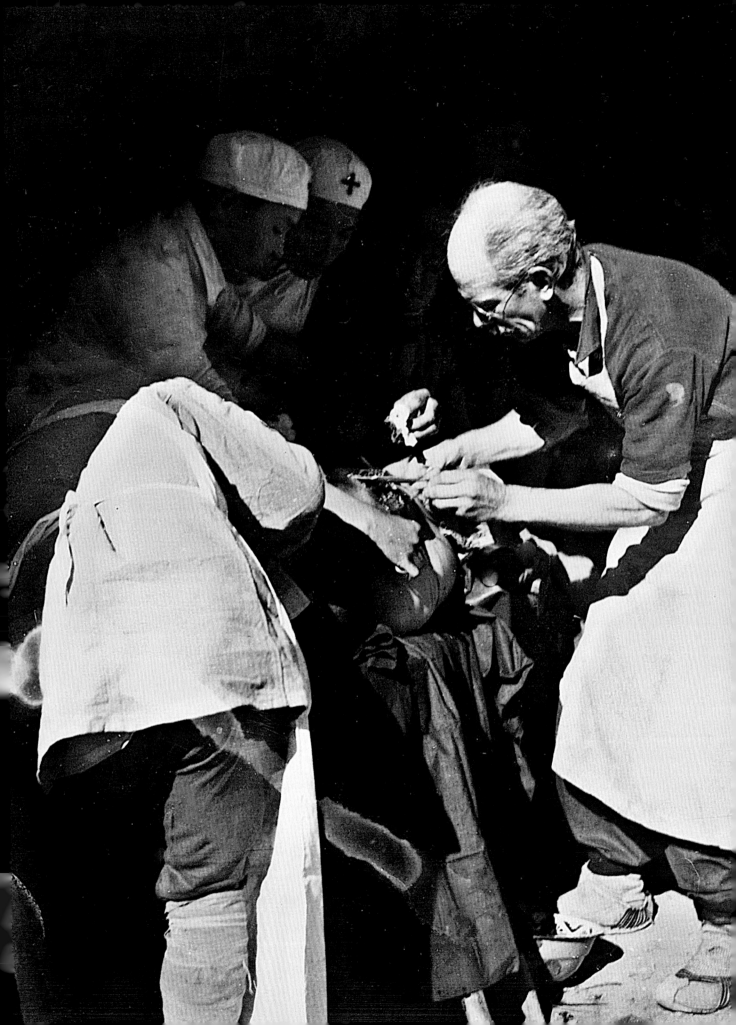

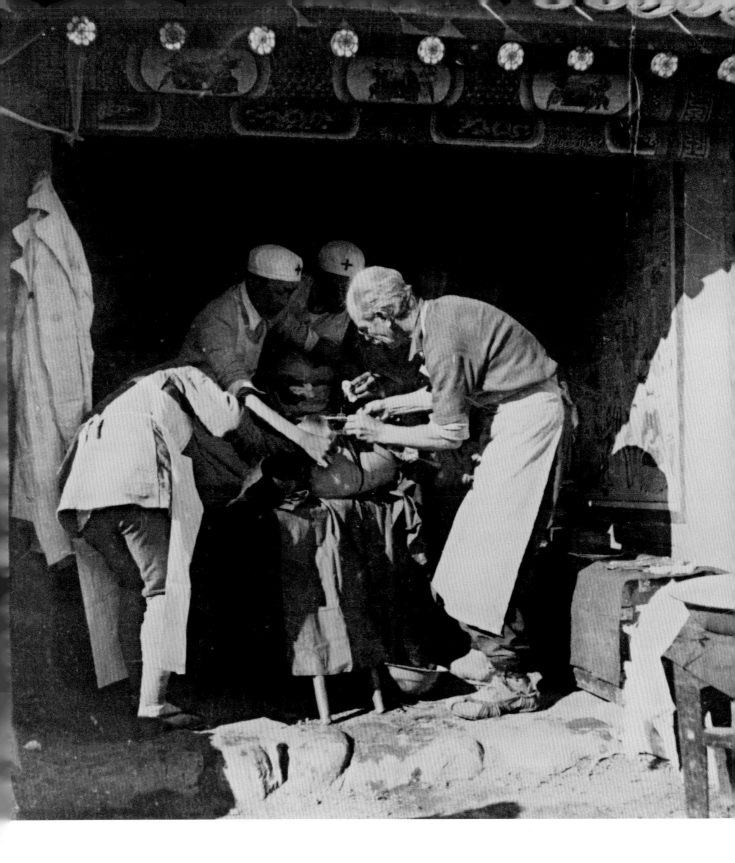

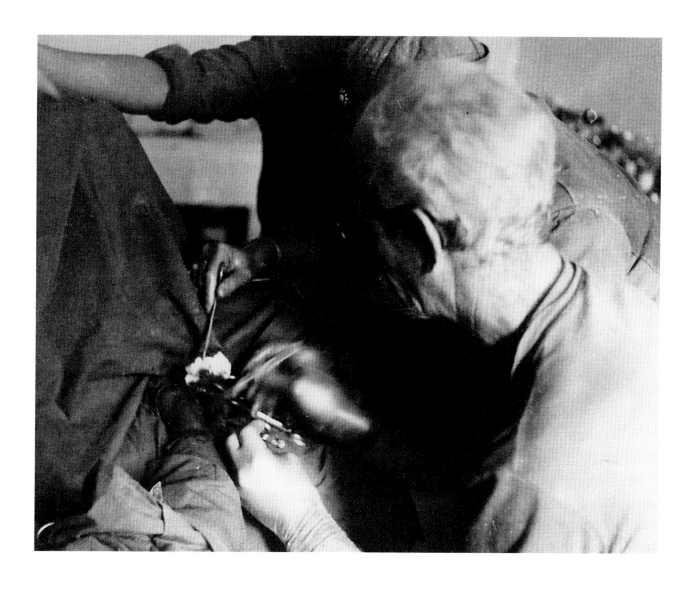

1939 年 11 月 5 日，白求恩在手指严重感染的情况下，仍然坚持为十三名危重伤员做了手术。

On November 5th 1939, Bethune continued operating on 13 badly wounded soldiers even when his finger was seriously infected.

El 5 de noviembre de 1939, Bethune insiste en operar a 13 soldados gravemente heridos a pesar de que su dedo está seriamente infectado.

Le 5 novembre 1939, Bethune a opéré 13 soldats gravement blessés, malgré son doigt sérieusement infecté.

"假使我还有一点力量，我一定留在前方。"（绘画作者：王文彬）

"As long as I still have strength, I will surely stay on the frontline." (by Wang Wenbin)

"Siempre que me quede un poco de fuerza, permaneceré en el frente." (por Wang Wenbin)

« Si j'aurais encore un peu de force, je resterais sur la ligne de front. » (par Wang Wenbin)

白求恩抱病抢救伤员（绘画作者：孙景波）

Bethune Saving the Wounded in Spite of His Own Illness (by Sun Jingbo)

A pesar de estar enfermo, Bethune rescata a los heridos (por Sun Jingbo)

En dépit de sa maladie, Bethune se précipite au secours des blessés (par Sun Jingbo)

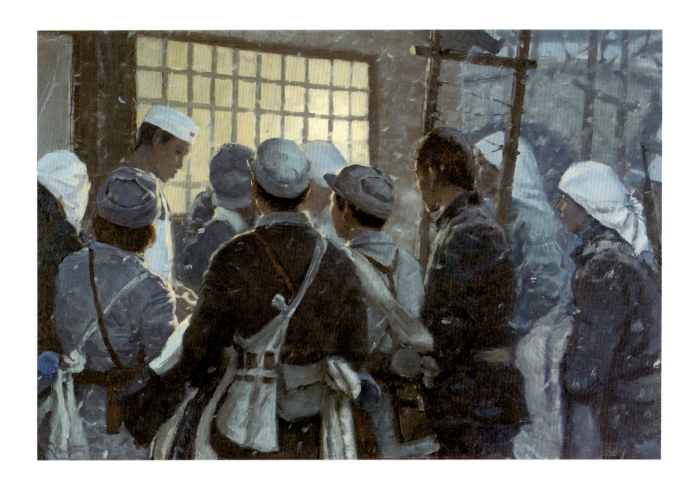

群众探望白求恩（绘画作者：孙景波）

Local people visiting Dr. Bethune (by Sun Jingbo)

La gente visita a Bethune (por Sun Jingbo)

Le peuple rend visite à Bethune (par Sun Jingbo)

军民探望白求恩（绘画作者：李连仲）

Local people visiting Dr. Bethune (by Li Lianzhong)

Militares y civiles visitan a Bethune (por Li Lianzhong)

Les soldats et les villageois visitent Bethune (par Li Lianzhong)

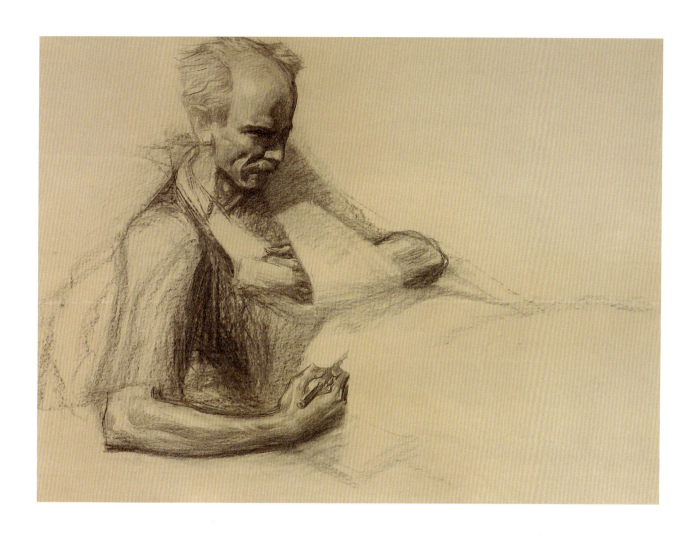

生命的最后一刻（绘画作者：裘　沙）

Last moment of life (by Qiu Sha)

Último momento de vida (por Qiu Sha)

Le dernier moment de la vie (par Qiu Sha)

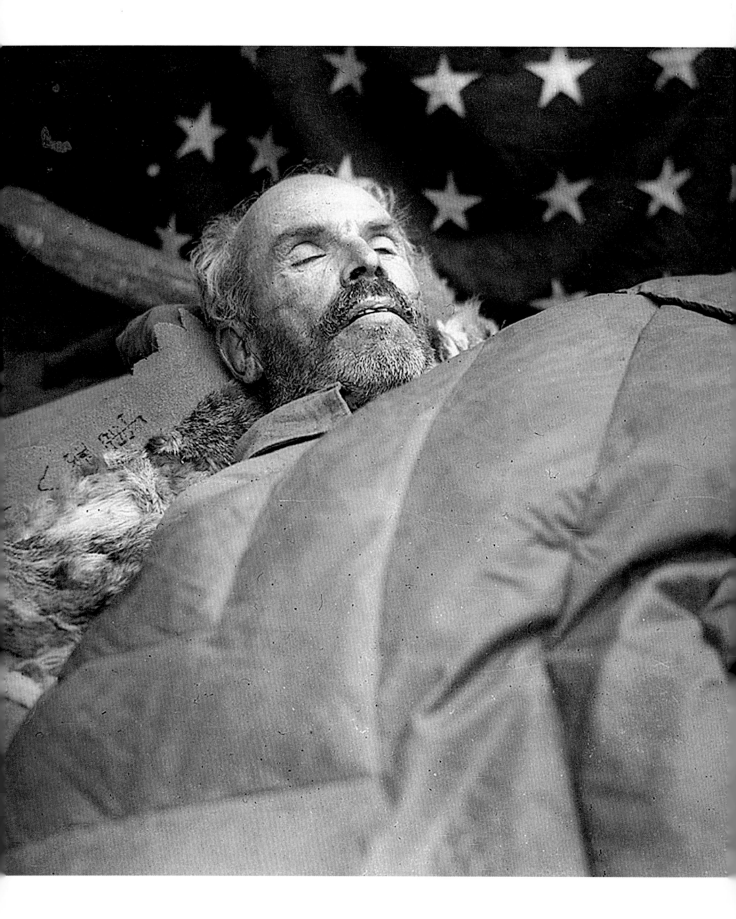

诺尔曼·白求恩的遗容

The remains of Norman Bethune

Restos de Norman Bethune

Le visage du défunt Henry Norman

白求恩逝世地，河北省唐县黄石口村。

Bethune died in Huangshikou Village, Tang County, Hebei Province.

Lugar donde falleció Bethune, pueblo de Huangshikou, distrito Tang.

Le lieu de mort de Bethune, village Huangshikou dans le district Tangxian, de la province du Hebei.

白求恩逝世于此小屋

Bethune passed away in this small brick house

Bethune murió en esta habitación

Bethune est décédé dans cette cabane

白求恩用过的部分生活物品

Some of Bethune's belongings for daily life

Algunas de las pertenencias de Bethune

Certains effets personnels utilisés par Bethune

白求恩遗嘱送给沙飞的照相机

The camera Bethune left to Sha Fei in his will

Cámara fotográfica regalada a Sha Fei mencionada en su testamento

L`appareil photo que Bethune a donné à Sha Fei

白求恩用过的军被

The guilt Bethune used

El edredón que usaba Bethune

La couverture utilisée par Bethune

白求恩用过的油灯、马灯。

An oil lamp and a lantern Bethune used.

La lámpara de aceite y la linterna que usaba Bethune.

La lampe à huile et le falot utilisés par Bethune.

白求恩在晋察冀军区工作时用过的桌椅等物品

Table, chairs and other items Bethune used when working in the Jin -Cha-Ji military district

La mesa, la silla, entre otros artículos usados por Bethune cuando trabajaba en la zona militar de Jin-Cha-Ji

La chaise et la table utilisées par Bethune

白求恩用过的打字机

A typewrite that Bethune used

Máquina de escribir usada por Bethune

La machine à écrire utilisée par Bethune

 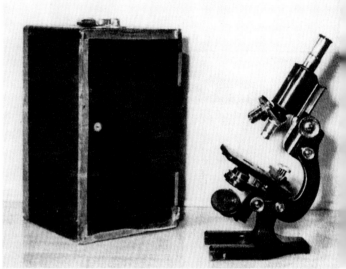

白求恩用过的血压计、注射器、针盒。

Blood pressure monitor, injector and needle box Bethune used.

Esfigmomanómetros, jeringas y cajas de agujas usados por Bethune.

Le sphygmomanomètre, la seringue et la porte-aiguilles utilisés par Bethune.

白求恩用过的显微镜

A microscope Bethune used

Un microscopio usado por Bethune

Le microscope utilisé par Bethune

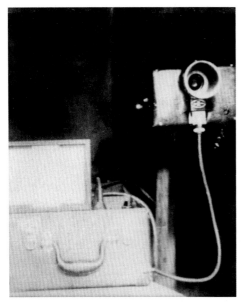
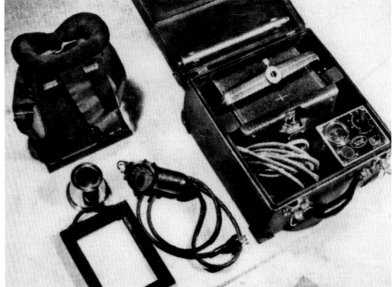

白求恩用过的 X 光机

An X-ray machine used by Bethune

Máquina de rayos X usada por Bethune

L'appareil à rayon X utilisé par Bethune

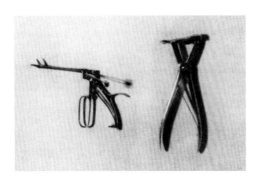

白求恩用过的肋骨剪、组织剪。

The rib shear and tissue scissors used by Bethune.

Tijeras de costilla y de tejido usadas por Bethune.

Les sécateurs de côte et les ciseaux chirurgicaux utilisés par Bethune.

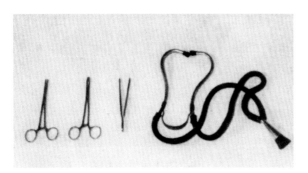

白求恩用过的听诊器、镊子、止血钳。

The stethoscope, tweezer and hemostatic forceps Bethune used.

Estetoscopio, pinzas y pinzas hemostáticas usadas por Bethune.

Le stéthoscope, la pince et les pinces hémostatiques utilisés par Bethune.

永远的纪念

　　1939 年 11 月 17 日，晋察冀军民两千余人，在唐县于家寨为白求恩举行了隆重的殓殡典礼。11 月 21 日，中共中央发出唁电，向白求恩亲属表示慰问。11 月 23 日，八路军朱德总司令通令全军举行哀悼。12 月 1 日，延安各界举行追悼大会。毛泽东亲笔题写了挽词："学习白求恩同志的国际主义精神，学习他的牺牲精神、责任心与工作热忱。" 12 月 21 日，毛泽东又发表了《学习白求恩》一文，号召全党全军向白求恩学习。1940 年 1 月 5 日，晋察冀军民一万余人，在唐县军城南关为白求恩举行了隆重的追悼大会。聂荣臻司令员宣读祭文。同时宣布：晋察冀军区卫生学校易名为白求恩学校（即现吉林大学白求恩医院学部、解放军白求恩医务士官学校），其附属医院易名为白求恩医院（即现解放军白求恩国际和平医院）。1940 年 2 月，聂荣臻亲自选定墓址，在唐县军城南关破土修建白求恩陵墓。

　　七十六年来，一代代中国共产党人和广大中国军民始终怀念这位伟大的朋友，每逢白求恩纪念日，都会举行各种形式的纪念活动。在加拿大、西班牙等国家，这样的纪念活动也越来越多。白求恩精神已经走出国门，走向世界。

Forever In Memory

On November 17th 1939, over 2,000 soldiers and local people in the Jin-Chai-Ji region gathered in Yu's Village, Tang County to hold a solemn funeral for Bethune. On November 21st, the central committee sent a telegram of sincere condolence to Bethune's family. On November 23rd, the ERA Commander-in-chief, Zhu De, ordered the whole army to hold a mourning ceremony for Bethune. On December 1st, meetings in memory of Bethune were held in every sector of Yan'an. Mao Zedong personally wrote a tribute for Bethune, "We shall all learn from comrade Bethune for his great spirit of internationalism and self-sacrifice, a strong sense of responsibility and an enthusiasm in work." On December 21st, Mao Zedong published an article entitled To Learn From Norman Bethune, calling upon the whole party and the army to learn from the respected comrade. On January 5th 1940, about ten thousand soldiers and people in the Jin-Cha-Ji region held a grand meeting in honor of Bethune at the south gate of Juncheng, Tang County. Commander Nie Rongzhen read the eulogy at the meeting and announced that the medical school of Jin-Cha-Ji military district was to be renamed the Bethune School (the Bethune Medical Department of Jilin University and the Bethune Medical Officer School of Chinese People's Liberation Army today) and its affiliated hospital as the Bethune Hospital (the Bethune International Peace Hospital of Chinese PLA today). In February 1940, Nie Rongzhen personally selected the burial site at the south gate of Juncheng in Tang County for Bethune and organized the construction of the mausoleum.

From 1976 till now, this great friend of the Chinese people has always stayed in the memory of generations of Communist Party members, soldiers and the general public in China. Every year on the memorial day of Norman Bethune, various forms of campaigns in his honor are held. There are also growing numbers of such campaigns being held in other countries like Canada and Spain. It means that the spirit of Bethune has already been introduced to the whole world to inspire others.

Conmemoración para siempre

El 17 de noviembre de 1939, más de 2 mil soldados y civiles de la región militar Jin-Cha-Ji celebraron una ceremonia solemne del funeral y entierro de Bethune en la aldea de Yujiazhai del distrito Tang. El 21 de noviembre el Comité Central del PCCh emitió un mensaje de condolencia a los familiares de Bethune. El 23 de noviembre, el comandante del Octavo Ejército Zhu De ordenó a todo el ejército guardar luto por la muerte de Bethune. El 1 de diciembre, todos los círculos de Yan'an celebraron una reunión conmemorativa. Mao Zedong escribió personalmente:

"Tenemos que aprender del espíritu internacionalista de Bethune y su espíritu de sacrificio, responsabilidad y entusiasmo por el trabajo. " . El 21 de diciembre, Mao Zedong publicó un artículo titulado "Aprendamos de Bethune"llamando que todo el partido y todo el ejército tomaran como ejemplo la vida y acciones del médico.

El 5 de enero de 1940, más de 10 mil soldados y civiles de la región militar de Jin-Cha-Ji celebraron un gran funeral conmemorativo solemne para Bethune en el sur del distrito Tang. El comandante Nie Rongzhen leyó la oración. Al mismo tiempo aunició que la Escuela de Salud de la región militar Jin-Cha-Ji y su hospital afiliado cambiaron sus nombres respectivamente como la Escuela Bethune (actualmente Facultad médica Bethune de la Universidad de Jilin y la Escuela de Sub-oficial Médico Bethune del Ejército Popular de Liberación) y el Hospital de Bethune (ahora el Hospital de Paz Internacional Bethune del Ejército de Liberación Popular). En febrero de 1940, Nie Rongzhen seleccionó personalmente un cementerio y construyó la tumba de Bethune en el sur del distrito Tang.

Durante estos 76 años, generaciones de comunistas chinos y las masas de soldados y civiles siempre guardan el recuerdo de este gran amigo del pueblo chino, cada vez que llega el día del memorial de Bethune, se celebran actividades conmemorativas de varias formas. En países como España y Canadá, hay cada vez más actividades conmemorativas. El espíritu de Bethune se ha transmitido a todo el mundo desde China.

À la mémoire éternelle de Norman Bethune

Le 17 novembre 1939, plus de 2000 habitants de la région militaire Jin-Cha-Ji participèrent aux funérailles solennelles de Bethune tenues dans le village de Yujiazha du district de Tangxian. Le 21 novembre, le comité central du Parti communiste chinois envoya un télégramme de condoléances à la famille de Bethune. Le 23 novembre, le général de la 8e armée de route décréta une journée de deuil de l'armée. Le 1er décembre, d divers milieux de Yan'an organisèrent une cérémonie solennelle à la mémoire de Bethune. Mao Zedong écrivit une distique élégiaque en rendant hommage à Bethune : « L'esprit du camarade Bethune, sa dévotion totale à d'autres sans aucune pensée de soi, a été montré dans son grand sens des responsabilités dans son travail et sa grande insouciance chaud vers tous les camarades et le peuple. Nous devons tous apprendre de son sprit d'abnégation absolue ». Le 21 décembre, Mao Zedong publia son fameux texte « À la mémoire de Norman Bethune », qui lança un appel à tous les membres de l'armée et du Parti pour qu'ils assimilent l'esprit de Bethune. Le 5 janvier 1940, une autre cérémonie solennelle à la mémoire de Bethune fut organisée dans le district de Tangxian qui réunit plus de 10000 participants. Le commandant en chef Nie Rongzhen prononça avec enthousiasme l'éloge funèbre de Bethune en déclarant que l'école médicale de la région militaire Jin-Cha-Ji fut rebaptisé École Bethune (soit la faculté Bethune de médecine de l'Université Jilin, et le Collège médical militaire Norman Bethune de nos jours) et que son hôpital fut nommé Hôpital Bethune (soit l'hôpital international de la Paix Norman Bethune de l'APL d'aujourd'hui). En février 1940, Nie Rongzhen choisit en personne le site du tombeau de Bethune et démarra la construction du mausolée de Bethune dans le sud du district de Tangxian.

Au cours des 76 années passées, les membres du Parti communiste chinois de génération en génération, le peuple et les soldats chinois pensent toujours à Bethune et organisent les activités de commémoration de toutes sortes à l'occasion du jour commémoratif de Bethune. Actuellement dans les pays comme le Canada et l'Espagne, de plus en plus d'évènements sont organisés en hommage à Bethune. L'esprit de Bethune est au-delà des frontières pour rayonner dans le monde entier.

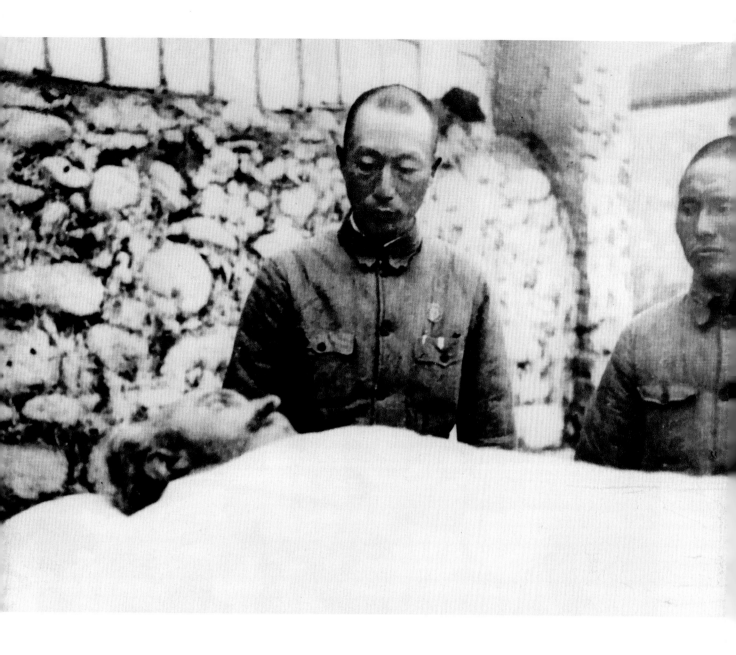

1939年11月17日，晋察冀军区聂荣臻司令员、军区卫生部叶青山部长在河北省唐县于家寨村向白求恩遗体告别。

On November 17th 1939, commander of Jin-Cha-Ji Military Region, Nie Rongzhen, and Minister of Health, Ye Qingshan, paid their last respects to Bethune in Yujiazhai Village, Toung County, Hebei Province.

En 17 de noviembre de 1939, el comandante de la región militar Jin-Cha-Ji, Nie Rongzhen, junto con el jefe de sanidad de la región, Ye Qingshan, se despiden de Bethune en el pueblo Jiazhai del distrito Tang.

Le 17 novembre 1939, le commandant en chef de la région militaire Jin-Cha-Ji Nie Rongzhen et le ministre de la Santé Ye Qingshan rendant les derniers devoirs à Bethune, dans le village Yujiazhai du district de Tangxian.

白求恩灵堂

The mourning hall for Bethune

Funeral de Bethune

La salle funèbre de Bethune

白求恩追悼大会

The memorial ceremony for Bethune

Ceremonia conmemorativa para Bethune

La cérémonie à la mémoire de Bethune

社会各界敬献的挽联

Elegiac couplets offered by people from all walks of life

Versos tristes dedicados a Bethune por personas de todos niveles sociales

Des sentences parallèle offertes par tous les milieux de la société en hommage à Bethune

白求恩安葬仪式

The burial ceremony for Bethune

Funeral de Bethune

La cérémonie d'enterrement

白求恩陵墓及墓四周题词

Bethune's tomb and inscriptions around it

Mausoleo y epitafio de Bethune

Le mausolée de Bethune et des inscriptions sur le tombeau

聂荣臻司令员向白求恩墓敬献花圈

Commander Nie Rongzhen offering elegiac wreath at Bethune's tomb

El comandante Nie Rongzhen presenta una corona funeraria

Le commandant en chef Nie Rongzhen déposant une couronne de fleurs devant le mausolée de Bethune

印度友人柯棣华向白求恩墓敬献花圈

The Indian friend Dr Kotnis offering elegiac wreath at Bethune's tomb

El médico indio Ke Dihua, amigo de Bethune, presenta una corona funeraria

Dr Kotnis, ami indien offrant une couronne de fleurs pour rendre hommage à Bethune

为纪念白求恩，1940年1月5日晋察冀军区卫生学校及附属医院分别更名为白求恩学校和白求恩医院。这是唐县葛公村学校和附属医院的旧址大门。

In honor of Norman Bethune, on January 5th 1940, the medical school and the affiliated hospital in Jin-Cha-Ji Military Region were renamed Bethune School and Bethune Hospital. This is a photo of the original site of the hospital and school in Gegong Village, Tang County, Hebei Province.

Para conmemorar a Bethune, el 5 de enero de 1940 la Escuela de Salud de la región milital Jin-Cha-Ji y su hospital afiliado cambiaron sus nombres a la Escuela Bethune y Hospital Bethune, respectivamente. Esta es la puerta de la escuela de la aldea Gegong del distrito Tang de la provincia de Hebei y su hospital afiliado.

Afin de commémorer Bethune, le 5 janvier 1940, l'école médicale et l'hôpital de la région militaire Jin-Cha-Ji ont été rebaptisés École Bethune et Hôpital Bethune. L'école de Gegongcun dans le district Tangxian et la porte d'entrée de l'hôpital.

聂荣臻司令员为白求恩学校的毕业证书题词：要有医学丰富的知识，要有人类高尚的道德，才配称白求恩的弟子。

"Only a man who is equipped with a rich medical knowledge and a lofty moral character could be worthy of the honor to be Bethune's student." — The inscription Commander Nie Rongzhen wrote for the graduation certificate of the Bethune School of Jin-Cha-Ji Military Region.

El comandante Nie Rongzhen escribió para el diploma de graduación de la Escuela Bethune: "aquellos que tengan vastos conocimientos médicos y una moralidad noble hacia la humanidad serán dignos de convertirse en discípùlos de Bethune. "

Les inscriptions rédigées par le commandant en chef Nie Rongzhen sur le diplôme de l'école médicale de Bethune : « Tout étudiant de Bethune digne de ce nom doit avoir des connaissances médicales riches et un caractère noble ».

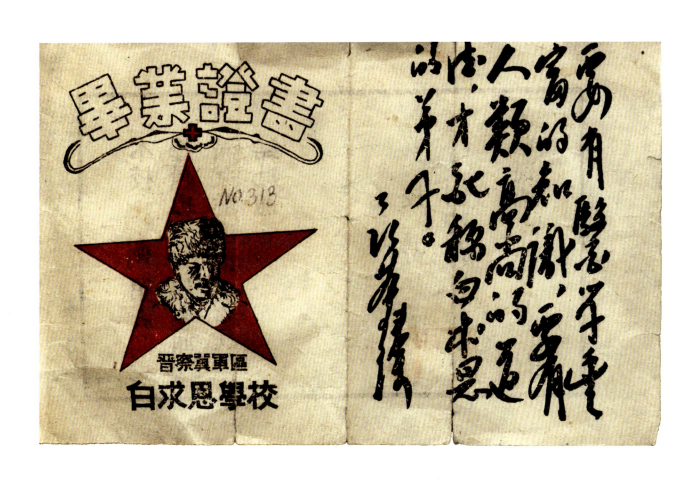

宋庆龄珍藏的毛泽东著《为人民服务》《纪念白求恩》《愚公移山》合编本（1967 年 3 月）

An old copy of Mao Ze-dong's essay and essays "In Memory of Dr.Norman Bethune"and the other two essays kept by Song Qing-ling(March, 1967)

Un libro recopilatorio de los ensayos escritos por Mao Zedong "Servir al pueblo", "En conmemoración a Bethune", "Yugong mueve el monte", guardado por Song Qingling. (Edición del marzo de 1967)

Une vieille copie des mélanges de Mao Zedong : «Servir le peuple », «À la mémoire de Norman Bethune» et «Le vieil homme insensé a déplacé les montagnes», conservée par Song Qingling (mars 1967)

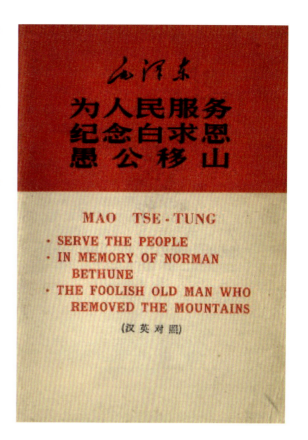

◀ 这座白求恩塑像由著名雕塑家司徒杰创作，分别竖立在白求恩陵墓前、白求恩国际和平医院、吉林大学白求恩医学部和位于加拿大蒙特利尔市的白求恩广场。

This statue of Bethune is a creation of the famous sculptor Situ Jie. It and its replicas have been placed in front of Bethune's tomb, Bethune International Peace Hospital, Bethune Medical Department of Jinlin University and the Bethune Square at Montrea, Canada.

La estatua de Norman Bethune elaborada por Stuart Jay. Las réplicas de esta estatua ahora se alzan respectivamente en el mausoleo de Bethune, en el Hospital de Paz Mundial de Bethune y en la Plaza de Bethune, situada en el centro de la ciudad Montreal, pueblo natal de Bethune, en Canadá.

Cette statue de Bethune est un chef-d'œuvre du célèbre sculpteur Situ Jie. Ces statues sont érigées respectivement devant le mausolée de Bethune, l'hôpital international de la Paix Norman Bethune de l'APL, la faculté Norman de médecine de l'Université Jilin et sur la place Bethune de Montréal au Canada.

1953 年 3 月 15 日，白求恩遗骨迁至河北省石家庄市华北军区烈士陵园。

On March 15th 1953, Bethune's remains were moved to the Martyrs' Cemetery of the Military District of North China in Shijiazhuang City, Hebei Province.

El 15 de marzo de 1953, se trasladó la tumba de Bethune al Cementerio de Mártires Revolucionarios de la Región Militar del Norte de China, situado en la ciudad de Shijiazhuang, provincia de Hebei.

Le 15 mars 1953, la dépouille de Bethune a été transportée dans le cimetière des martyrs de la région militaire du nord de la Chine à Shijiazhuang dans la province du Hebei.

中国人民解放军白求恩国际和平医院始终坚持以白求恩为榜样全心全意为人民健康服务，这是在组织下乡义诊活动。

Bethune International Peace Hospital of PCA has long been following Bethune's example to serve wholeheartedly for people's health.

En el Hospital de Paz Mundial de Bethune, Bethune es ejemplo de lo que significa servir de todo corazón al pueblo para mejorar su salud.

L'hôpital international de la Paix Norman Bethune de l'APL s'en tient toujours à l'esprit de Bethune qui est marqué par un oubli total de soi et un dévouement entier aux autres afin de servir le peuple de tout son cœur.

中国人民解放军白求恩医务士官学校始终坚持用白求恩精神建校育人的方针，这是在白求恩塑像前组织教育活动。

The Bethune Medical Officer School of the CPLA has always kept Bethune's spirit as the primary education guideline.This photo shows an education event organized in front of a statue of Bethune.

La Escuela de Sub-oficial Médico Bethune del Ejército Popular de Liberación desde su fundación se adhiere al espíritu de Bethune en su orientación educativa. Aquí, durante la organización de una actividad educativa delante de la estatua de Bethune.

L'hôpital international de la Paix Norman Bethune de l'APL s'en tient toujours à l'esprit de Bethune dans leur développement et dans l'éducation de leurs étudiants. Une activité éducative organisée devant la statue de Bethune.

中国广大医务工作者始终坚持像白求恩那样做人、像白求恩那样做事。

Medical workers have been trying to work and live the way Bethune did.

Trabajadores médicos se esfuerzan por seguir los pasos de Bethune.

Le personnel médical chinois suit toujours l'exemple de Bethune.

中国小学生中广泛开展创建"白求恩中队"活动

The "Bethune Squadron" campaign is widely held in elementary and middle schools

Entre los estudiantes de primaria se organiza una actividad llamada "Grupo Bethune"

Une activité nommée « l'équipe de Bethune » de grande envergure a été organisée parmi les écoliers chinois

▶ 加拿大蒙特利尔市区广场竖立着由中国政府赠送的白求恩雕像。1977年蒙特利尔市政府将此地命名为"白求恩广场"。

A statue of Bethune in a Montreal square. It was a gift from the Chinese government. The Montreal Municipal Government named the place where the statue is "Bethune Square" in 1977.

Estatua de Bethune regalada por gobierno chino en la plaza de la ciudad Montreal, Canadá. En 1977 las autoridades de la ciudad canadiense nombraron al lugar "plaza de Bethune".

La statue de Bethune offerte par le gouvernement chinois se dresse sur une place au centre-ville de Montréal au Canada. En 1977, le gouvernement municipal a baptisé ce lieu « Place Bethune ».

1974 年 1 月 28 日命名的约克大学白求恩学院，位于加拿大多伦多市。

Bethune College of York University was designated on January 28th 1974 in Toronto, Canada.

El 28 de enero del 1974 se nombró al Colegio Bethune de la Universidad de York, en la ciudad de Toronto, Canadá.

La faculté Bethune de l'Université York, nommée le 28 février 1974, située dans la ville de Toronto au Canada.

2000 年 8 月 19 日，加拿大总督伍冰枝（左前一）与中国驻加拿大大使梅平（右前一）出席了在格雷文赫斯特市隆重举行的白求恩铜像揭幕仪式并发表演讲。

In August 2000, Canadian Governor General Adrienne Clarkson (first on the front left) and Chinese Ambassador to Canada (first on the front right) in Gravenhurst at the unveiling ceremony of the statue of Bethune.

El 19 de agosto de 2000, la ex gobernadora general de Canadá, Adrienne Clarkson (primera a la izquierda) y el embajador de China en Canadá Mei Ping (primero a la derecha) asistieron a la ceremonia de develación de la estatua de bronce de Bethune celebrada en la ciudad de Gravenhurst.

Le 19 août 2000, la Gouverneure générale du Canada de cette époque, Adrienne Clarkson (au premier rang, à gauche, son nom chinois : Wu Bingzhi) et l'ambassadeur chinois au Canada de cette époque Mei Ping (au premier rang, à droite) ont participé à la cérémonie de dévoilement de la statue de Bethune, tenue à Gravenhurst et ont prononcé d'excellents discours.

2014 年 5 月 30 日，加拿大前总督伍冰枝（左一）出席了多伦多大学白求恩铜像揭幕仪式。

On May 30th 2014, the former Canadian Governor General Adrienne Clarkson (first on the left) attended the unveiling ceremony of the statue of Bethune at the University of Toronto.

El 30 de mayo de 2015, la ex gobernadora general de Canadá, Adrienne Clarkson (primera a la izquierda) asistió en la ceremonia de develación de la estatua de bronce de Bethune en la Universidad de Toronto.

Le 30 mai 2014, l'ancienne Gouverneure générale du Canada Adrienne Clarkson assistant à la cérémonie de dévoilement d'une statue en l'honneur de Bethune érigée dans le campus de l'Université de Toronto.

1995 年 5 月在北京中国人民革命军事博物馆举办白求恩生平事迹展

An exhibition about the Norman Bethune was held in May 1995 at Beijing Military Museum of China

En mayo de 1995, se celebró la exhibición de la vida de Bethune en el Museo Militar de la Revolución Popular de China en Beijing

En mai 1995, l'exposition sur la vie de Bethune, organisée par le Musée militaire de la révolution du peuple chinois à Beijing

2011 年 12 月，在北京中国人民革命军事博物馆举办白求恩生平暨弘扬白求恩精神书画展。

The painting and calligraphy exhibition of The Life of Norman Bethune for promoting the Bethune spirit was held in December 2011 at Beijing Military Museum of China.

En mayo de 1995, se celebró la exhibición de la vida de Bethune en el Museo Militar de la Revolución Popular de China en Beijing.

En décembre 2011, l'exposition de peinture et de calligraphie visant à faire rayonner l'esprit de Bethune, organisée par le Musée militaire de la révolution du peuple chinois à Beijing.

中国观众参观在北京中国人民军事博物馆举办的白求恩生平暨弘扬白求恩精神书画展

Citizens visiting the painting and calligraphy exhibition of The Life of Norman Bethune for the promotion of Bethune spirit

Espectadores visitan la muestra de pinturas y caligrafía inspiradas en el ánimo de Bethune en el Museo Militar de la Revolución Popular de China en Beijing

Le public visitant l'exposition de peinture et de calligraphie destinée à promouvoir l'esprit de Bethune, organisée par le Musée militaire de la révolution du peuple chinois

中国小学生参观在桂林举办的白求恩生平事迹展

An exhibition on the life of Norman Bethune held in an elementary school in Guilin

Estudiantes de diversas primarias visitan la exposición de la vida de Bethune celebrada en Guilin

Les écoliers visitant une exposition sur la vie de Bethune, organisée à Guilin

介绍和描写白求恩生平事迹的部分图书

Some books about Bethune and his life

Libros sobre la vida de Bethune

Des livres décrivant la vie de Bethune

自 1991 年始由中国国家卫生部、国家人事部联合颁发"白求恩奖章",在中国至今已有四十六名突出贡献者获此殊荣。

The Bethune Medal being jointly awarded to people with significant contribution by the Ministry of Health and the Ministry of Personnel of China since 1991. There have been over 64 prizewinners so far.

Desde 1991, el Ministerio de Salud Pública y el Ministerio de Personal de China otorgan la Medalla Bethune. Hasta ahora 46 personas de todo el país han recibido este premio.

Depuis 1961, un total de 46 personnes qui ont fait des contributions spéciales sont récompensées par les médailles Bethune décernées conjointement par le ministère de la Santé et le ministère des Ressources humaines de la Chine.

中国第一位"白求恩奖章"获得者赵雪芳

Zhao Xuefang, the first Bethune Medal prizewinner in China

La primera ganadora de la Medalla Bethune, Zhao Xuefang

La première lauréate de la médaille Bethune Zhao Xuefang

在 2013 年中国全国卫生工作会议上，为"白求恩奖章"获得者颁奖。

Awarding the Bethune Medal prizewinners at the 2013 National Health Conference.

Se otorga al ganador la Medalla Bethune en la Conferencia Nacional del Trabajo de Sanidad, en 2013.

Les dirigeants décernant les médailles Bethune aux lauréats lors de la conférence du travail national de santé de 2013.

在 2009 年"中国缘·十大国际友人"评选活动中，白求恩当选并名列榜首。

In the 2009 "Chinese Connection- Top Ten International Friends of China" campaign, Bethune was honorably nominated and ranked the first.

En el concurso del 2009 " Con destino China • Los diez mejores amigos internacionales", Bethune fue elegido como el mejor amigo internacional de China.

Lors d'une activité visant à sélectionner les 10 personnalités internationales les plus célèbres qui ont un lien intime et spécial avec la Chine organisée en 2009, Bethune s'est classé le premier sur la liste.

2010年11月，在北京人民大会堂举行弘扬与践行白求恩精神座谈会。

In November 2010, a forum for promoting and inheriting Bethune spirit was held in the Great Hall of the People in Beijing.

En noviembre de 2010, se celebra el Simposio para seguir el ejemplo de Bethune, en el Gran Palacio del Pueblo en Beijing.

En novembre 2010, le séminaire visant à faire rayonner l'esprit Bethune, tenu dans le Grand Palais du Peuple à Beijing.

2011 年 6 月，在西安举办白求恩精神论坛。

A forum about Bethune spirit was held in Xi'an in June 2011.

En junio de 2011, se celebra el Foro de Bethune en la ciudad de Xi'an.

En juin 2011, le forum sur l'esprit de Bethune, organisé à Xi'an.

2013 年 9 月 29 日，经中国国家民政部批准成立国家级白求恩精神研究会。

On 29th September, 2013, the Bethune Spirit Research Society was established under the approval of the Ministry of Civil Affairs of China.

En 29 de septiembre de 2013, se estableció con la autorización del Ministerio de Asuntos Civiles de China, la Academia Nacional de Bethune.

Le 29 septembre 2013, l'Institut de recherche sur l'esprit de Bethune, une organisation au niveau national, a été établie sous l'autorité du ministère chinois des Affaires civiles.

2014 年 10 月，在石家庄举办纪念白求恩逝世 75 周年中国、加拿大国际论坛。

In October 2014, the China-Canada International Forum in Commemoration of the 75th Anniversary of Bethune's Death in was held in Shijiahzuang, Hebei Province.

En octubre de 2014, se celebró en la ciudad de Shijiazhuang el Foro China - Canadá en conmemoración al 75 aniversario del fallecimiento de Bethune.

En octobre 2014, le forum international Chine-Canada, organisé à Shijiazhuang, dans la province du Hebei pour commémorer le 75e anniversaire du décès de Norman Bethune.

2014年11月，中国出版集团公司代表：人民美术出版社社长汪家明、天天出版社总编辑叶显林、中国出版集团外事项目合作部副主任孙牧等一行五人，应奥宾基金会邀请，赴加拿大参加以纪念白求恩为主题的"和平使者"纪念活动。

In November 2014, a group of five representatives from China Publishing Group Co. Ltd were invited by Centre Internationaliste Ryerson Fondation Aubin to attend an event in commemoration of Bethune in Canada named "The Messenger of Peace". The invited representatives were led by Wang Jiaming, President of People's Fine Arts Publishing House, Ye Xianlin, General Editor of Daily Press and Sun Mu, Deputy Director of International Projects Cooperation Department of China Publishing Group Co. Ltd.

El noviembre de 2014, por invitación de la Fundación Aubin de Canadá, cinco representantes de China Publishing Group Corp., entre los que estaban Wang Jiaming, presidente de China Fine Arts Publishing House, y Ye Xianlin, editor general de Daylight Publishing House, Sun Mu, subdirector del departamento de cooperación de proyectos extranjeros de China Publishing Group Corp. fueron a Canadá para participar en la actividad de conmemoración de Bethune "Enviado de Paz".

Les cinq représentants de la Coporation du Group éditional chinois , comprenant le Dirigeant de la maison des éditions de Beaux-arts chinois Wang Jiaming, le Rédacteur en chef de la maision des éditions de Tiantian Ye Xianlin, et le Directeur adjoint du Bureau des affaires étrangères au sein de la Coporation du Group éditional chinois Sun Mu, sont invités par la Fondation Obing pour aller au Canada de participer à la Cérémonie de l'Envoyé de la paix' en souvenir de Norman Bethune.

后记

　　2015 年是中国人民抗日战争和世界反法西斯战争胜利七十周年，为纪念这历史性胜利和缅怀为中国人民解放事业做出重大贡献的国际友人，我们编辑出版了历史文献画册《诺尔曼·白求恩》。该画册的编辑出版得到了中共中央宣传部的大力支持，在中国出版集团公司副总裁李岩与白求恩精神研究会会长袁永林主持下，由中国白求恩精神研究会常务副会长兼秘书长栗龙池具体负责实施，并与中国人民解放军白求恩医务士官学校教员高传毅、中国白求恩精神研究会副会长马国庆、中国美术出版总社连环画编辑部主任何玉麟、副主任朱薇和编辑耿剑等多次就编辑本画册的指导思想、图文设计等进行研究策划。该画册编辑重点参考了 2002 年由张雁灵、戴旭光主编的画册《白求恩》，并得到中国人民解放军白求恩医务士官学校和中国人民解放军白求恩国际和平医院的大力支持。感谢加拿大奥宾基金会及比尔·史密斯先生提供珍贵的资料和照片。此基础上，高传毅对图片进行初编，栗龙池负责全书文字起草及统稿，马国庆负责史料核实及文字修改，王雨佳负责英文翻译，苏蕾负责法文翻译，史斌斌、邓颖负责西班牙文翻译，中国人民解放军白求恩医务士官学校政治部于维国主任、齐明教授和中国人民解放军白求恩国际和平医院宋敬辉副院长、白求恩纪念馆闫玉凯馆长等参加了对史料的核实及校对。其间，中国白求恩精神研究会副会长李深清和副秘书长蔡国军、卫生画报社记者王伟、长治人民医院办公室主任栗彦阳等积极提供照片资料与相关工作的协助。特别需要指出的是，全国人民代表大会常务委员会陈竺副委员长非常关心和支持该画册编辑出版工作，在百忙中挤出时间亲自撰写序言。在这里，对有关领导及朋友们给予的支持和帮助，一并表示衷心感谢！

编者

2015 年 5 月

Afterword

The year 2015 marks the 70th anniversary of China's victory in the War of Resistance against Japan and the world war against fascism. To commemorate these historic victories and the international friends who made significant contributions to the cause of the liberation of the Chinese people, we are publishing this historical album on the life of Norman Bethune. We are grateful for the substantial support from the Propaganda Department of the Communist Party of China's Central Committee. The project was jointly organized by Li Yan, Vice President of China Publishing Group Corporation, and Yuan Yonglin, President of the Bethune Spirit Research Society of China, and it was implemented by Li Longchi, Administrative Vice President and Secretary-General of the Bethune Spirit Research Society of China. Gao Chuanyi (a teacher at the Bethune Medical Officer School of the Chinese People's Liberation Army), Ma Guoqing (Vice President of the Bethune Spirit Research Society of China), He Yuling (Director of the Editorial Department of Picture Stories of China Fine Art Publishing Group), Vice Director Zhu Wei and Editor Geng Jian of Picture Stories all made contributions to the research and planning of the album in terms of guiding spirit, graphic design and more. This publication relied heavily on the 2002 album Bethune, compiled by Zhang Yanling and Dai Xuguang, and received much assistance from the Bethune Medical NCO School and the Bethune International Peace Hospital of the PLA. We would like to extend our sincere gratitude to the Centre Internationaliste Ryerson Fondation Aubin and Bill Smith for many precious documents and photos. Preliminary image editing was done by Gao Chuanyi, the text was written and compiled by Li Longchi, and the historical information was verified and edited by Ma Guoqing. The album was translated into English by Wang Yujia, into French by Su Lei and into Spanish by Shi Binbin, Deng Ying. The verification and editing of the historical information in the album was carried out jointly by Director Yu Weiguo and Professor Qi Ming from the Department of Politics of Bethune Medical Officer School of the PLA. Assistant Dean Song Jinghui of Bethune International Peace Hospital of the PLA and President Yan Yukai of the Bethune Memorial House. During the compilation of the album, Li Shenqing (Vice Chair of the Bethune Spirit Research Society), Cai Guojun (Deputy Secretary-General of the Bethune Spirit Research Society), journalist Wang Wei (Health Pictorial Magazine) and Li Yanyang (Office Director of Changzhi People's Hospital) provided photos and documents as well as important support. Of particular note is that the Vice Chair of the Standing Committee of the National People's Congress of PRC, Chen Zhu, also provided special attention and support to the production of the album, for which he squeezed time out of his busy schedule to personally write a preface. We would like to take this opportunity to express our sincere appreciation for the support and help kindly offered by all the leaders and friends!

Editor

May 2015

Epílogo

Este 2015 se celebra el 70 aniversario de la Victoria de la Guerra de Resistencia contra Japón del pueblo chino y la Guerra Mundial Antifascista. A fin de conmemorar esta victoria histórica y recordar al doctor Norman Bethune, amigo extranjero que hizo una contribución significativa a la causa de la liberación del pueblo chino, editamos y publicamos el álbum de pinturas y documentos históricos "Norman Bethune." La redacción y la publicación de este álbum de pinturas es posible gracias al fuerte apoyo del Departamento Central de Propaganda de Partido Comunista de China.

Este trabajo fue presidido por Li Yan, vicepresidente de China Publishing Group Corp. y Yuan Yonglin, presidente de la Asociación de Investigación del Espíritu de Bethune. Li Longchi, vicepresidente ejecutivo y secretario general de la Asociación de Investigación del Espíritu de Bethune, fue el responsable de la implementación específica del trabajo, quien investigó y planeó cuál habría de ser el hilo conductor y diseño gráfico de este álbum de pinturas junto con Gao Chuanyi, profesor de la Escuela de Oficial Médico de Bethune del Ejército Popular de Liberación de China; Ma Guoqing, vicepresidente de la Asociación de Investigación del Espíritu de Bethune; He Yulin, director de Departemento de Redacción de Picture-Story Publishing House de China Fine Arts Publishing House; Zhu Wei, vicedirectora, y la redactora Geng Jian. El presente trabajo se basó en el álbum de pinturas "Bethune" editado por Zhang Yanling y Dai Xuguang en el año 2002, y también contó con el gran apoyo de la Escuela de Oficial Médico Bethune del Ejército Popular de Liberación de China y el Hospital Internacional de la Paz Bethune de del Ejército Popular de Liberación de China. Agradecemos a la Fundación Aubin de Canadá, que nos ofreció materiales y fotografías valiosos, y a Gao Chuanyi redactor de estas fotografías; Li Longchi, encargado de elaboración y la planificación de los textos; Ma Guoqing, encargada de la verificación de los datos históricos y la modificación de textos.

Wang Yujia es la traductora de la versión inglés, Su Lei, tradutor de la versión francesa, Shi Binbin y Deng Ying, traductoras de la versión española. Yu Weiguo, director del Departamento de Política de la Escuela de Oficial Médico Bethune del Ejército Popular de Liberación de China, el profesor Qi Ming, Song Jinghui, vicepresidente del Hospital Internacional de la Paz Bethune de del Ejército Popular de Liberación de China, Yan Yukai, presidente de Museo Conmemorativo de Bethune y otras personas participaron en la verificación de los datos históricos. Durante el trabajo de redacción, Li Shenqing, vicepresidente de la Asociación de Investigación del Espíritu de Bethune, Cai Guojun, vicesecretario general de la Asociación, Wang Wei, periodista de Revista Ilustrada, y Li Yanyang, director de la Oficina del Hospital del Pueblo de Changzhi nos proporcionaron materiales, fotografías y ayuda relacionados con este trabajo. Especialmente, Chen Zhu, vicepresidente del Comité Permanente de la Asamblea Popular Nacional, apoyó y prestó mucha atención a la redacción y la publicación de este álbum de imágenes, y pesé a sus múltiples ocupaciones, escribió personalmente el prefacio. Aquí expresamos juntos nuestro sincero agredecimiento por toda la ayuda prestada por los líderes relacionados y amigos.

Editor

Mayo de 2015

Postface

L'année 2015 marque le 70e anniversaire de la double victoire de la Guerre du peuple chinois contre l'agression japonaise et de la guerre anti-fasciste, en vue de commémorer cette victoire historique et de rendre hommage aux amis étrangers qui ont contribué grandement à la cause de la libération du peuple chinois, nous avons rédigé et publié cet album de peintures historiques « Norman Bethune ». Ayant reçu un grand soutien du département de l'Information du Comité central du Parti communiste chinois (PCC), la rédaction et la publication de cet album de peintures ont été accomplies parfaitement sous la direction de Li Yan, vice-PDG de China Publishing Group Corp et de Yuan Yonglin, directeur de l'Institut de recherche sur l'esprit de Bethune de Chine. Et c'est M. Li Longchi, directeur adjoint exécutif et secrétaire général de l'Institut de recherche sur l'esprit de Bethune de Chine qui s'est occupé de la mise en application du travail concret. M. Li a également procédé à de nombreuses discussions avec Gao Chuanyi, enseignant du Collège médical militaire Norman Bethune, Ma Guoqing, directeur adjoint de l'Institut de recherche sur l'esprit de Bethune de Chine, He Yulin, chef du Département de la rédaction des bandes dessinées de China Art Publishing Center, Zhu Wei, directrice adjointe et le rédacteur Geng Jian sur le principe directeur et la conception graphique de ce livre d'images. En outre, l'album de peintures « Bethune » rédigé en 2002 sous la direction éditoriale générale de Zhang Yanling et de Dai Xiuguang a servi de source de référence importante pour ce livre présent qui a également reçu un soutien considérable de la part du Collège médical militaire Norman Bethune et de l'Hôpital international de la Paix Norman Bethune de l'APL. Nous tenons à exprimer notre sincère gratitude à la Fondation Aubin du Canada et à Bill Smith pour nous avoir offert des données et des photos très précieuses. Grâce à leur aide, Gao Chuanyi a pu rédiger les photos. Li Longchi s'est occupé de la rédaction des articles dans ce livre et Ma Guoqing s'est chargé de la vérification des événements historiques et de la correction des écritures. Les traductions anglaise, française et espagnole ont été réalisées respectivement par Wang Yujia, Su Lei et Shi Binbin en coopération avec Deng Ying. Tandis que Yu Weiguo, directeur du Département politique du Collège médical militaire Norman Bethune, le professeur Qi Ming, le président adjoint de l'Hôpital international de la Paix Norman Bethune de l'APL Song Jinghui et le conservateur du Mémorial de Norman Bethune Yan Yukai ont participé à la vérification des événements historiques et à la révision de ce livre. Pendant ce temps, nos remerciements vont également à Li Shenqing, directeur adjoint de l'Institut de recherche sur l'esprit de Bethune de Chine, à Cai Guojun, secrétaire général adjoint, à Wang Wei, journaliste de Chinese Heath Pictorial, à Li Yanyang, directeur du bureau de l'Hôpital du peuple de Changzhi, qui nous ont fourni tout matériel qu'ils pouvaient trouver, et ont montré un grand soutien lors de la rédaction de ce présent album de peintures. Ici nous voulons exprimer notamment notre reconnaissance à M. Chen Zhu, vice-président du Comité permanent de l'Assemblée populaire nationale de Chine, qui a donné un soutien précieux tout au long de la rédaction et de la publication de ce livre d'images et a pris le temps, en dépit de son emplois du temps chargés, pour écrire en personne la préface de cet album de peintures. Pour finir, nous aimerions remercier les directeurs concernés et nos amis qui nous ont aidés et soutenus tout au long de notre travail !

Rédacteur

Mai 2015

诺尔曼·白求恩

Norman Bethune

本书所有图片由中国白求恩精神研究会、加拿大奥宾基金会、比尔·史密斯先生提供。

图书在版编目（CIP）数据

诺尔曼·白求恩 : 中、英、法、西 / 白求恩精神研究
会供稿. -- 北京 : 人民美术出版社, 2015.7
　　ISBN 978-7-102-07151-0

　　I. ①诺… II. ①白… III. ①白求恩，N.（1890～
1939）－生平事迹－画册 IV. ①K837.116.2-64

　　中国版本图书馆CIP数据核字(2015)第071052号

主编　袁永林
副主编　李云波　吴广礼　高传毅
执行副主编　栗龙池
英语翻译　王雨佳
西班牙语翻译　史斌斌　邓　颖
法语翻译　苏　蕾

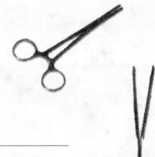

诺尔曼·白求恩

出版发行　人民美术出版社
（100735 北京北总布胡同32号）
http://www.renmei.com.cn
发行部：(010)56692193
编辑部：(010)56692137

责任编辑　耿　剑　朱　薇
装帧设计　徐　洁
责任校对　马晓婷
责任印制　刘建春
制版印刷　北京图文天地制版印刷有限公司
经　　销　新华书店总店北京发行所

版次：2015年8月第1版第1次印刷
开本：889毫米×1194毫米　1/16
印张：26　印数：1-2000
ISBN 978-7-102-07151-0
定价：290.00元